한국어능력시험 대비

고급 어휘·문법 활용연습 TOPIK

라혜민·조한식·조익행·송선정 공저

- **TOPIK 고급 필수 어휘 *2000***
  - 대학 강의!! 필수 어휘 완전정복

- **TOPIK 고급 필수 문법 *130***
  - 토픽 합격!! 필수 문법 완전정복

- **TOPIK 필수 관용표현·속담·의태어·사자성어**
  - 토픽 대비!! 필수 표현 완전정복

소통

한국어능력시험 대비 고급 어휘·문법 활용연습

개정판 4쇄 발행 2024년 3월 7일
1판 1쇄 발행 2012년 9월 3일
개정판 1쇄 발행 2014년 1월 20일
저　자 | 라혜민·조한식·조익행·송선정
펴낸이 | 최 도 욱
펴낸곳 | 소통
편　집 | 이 지 연
주　소 | 서울 금천구 시흥대로93, 1110호
전　화 | 070-8843-1172
팩　스 | 0505-828-1177
이메일 | sotongpub@gmail.com, chio7417@hanmail.net
블로그 주소 | http://sotongpublish.tistory.com
ISBN 978-89-93454-60-4　13710
값 13,000원

잘못 만들어진 책은 구입하신 서점에서 교환해 드립니다.

일러두기

1 이 책은 한국어능력시험 고급 5, 6급 취득을 목표로 공부하는 외국인 학습자를 위해 개발되었다.

2 이 책은 '필수 고급 어휘'와 '필수 고급 문법'을 집중적으로 연습할 수 있도록 구성하였다.

3 이 책의 첫 번째 영역으로 ≪어휘 활용 연습≫에서는 대학 과정에서 필수적으로 알아야 할 학문 목적 어휘 약 350개를 목표 어휘로 선정하여 22개 과로 나누어 해당 어휘들을 충분히 활용 연습할 수 있도록 구성하였다.

4 ≪어휘 활용 연습 1~22≫에는 목표 어휘 외에도 어휘 활용 연습을 위한 예문들 속에 고급 수준의 새로운 어휘들을 실었는데, 이를 충실히 공부할 경우에는 목표 어휘를 포함하여 약 880개 정도의 고급 어휘를 학습할 수 있다.

5 ≪어휘 활용 연습≫은 3개 유형의 연습 문제로 되어 있다. 1번 유형은 선별된 5개의 어휘에 맞는 의미를 찾아 연결하는 문제이다. 목표 어휘를 한국어로 생각하고 설명할 수 있도록 함으로써 한국어 학습에 가속도를 붙이기 위함이다.

6 ≪어휘 활용 연습≫의 2번 유형에서는 〈보기〉를 [명사]나 [부사] 어휘만으로 구성하였다. [명사]와 [부사]는 [동사]나 [형용사]와 달리 문장 안에서 다른 문법이나 어미 조사 등과 어울려 제한적으로만 활용되는 어휘이다. 이에 문장 맥락을 이해함으로써 목표 어휘에 접근할 수 있도록 구성하였다.

7 ≪어휘 활용 연습≫ 3번 유형에서는 〈보기〉를 [동사]나 [형용사] 어휘만으로 구성하여 다른 문법 요소들과 함께 활용 연습할 수 있도록 하였다. 학습자 자신이 학습한 내용을 자유롭게 사용하여 다양한 답을 만들어 쓸 수 있는 기회를 열어 줌으로써 쓰기 능력까지도 기를 수 있도록 하였다.

8 이 책의 두 번째 영역으로 ≪문법 활용 연습≫에서는 한국어능력시험 고급 기출 문제에 주로 나온 문법 항목 130개를 엄선하여 제시하였다.

9 문법 표기 방식을 보다 쉽게 이해하면서 공부할 수 있도록 하였다. 다른 교재와 다르게 받침의 유무에 따라 아래 표의 내용과 같이 빗금(/)으로 구분하여 제시하였다.

-(으)ㄹ라치면	⇒	[동]ㄹ/을라치면
(이)라고는	⇒	[명]라/이라고는

10 각 문법 항목마다 〈보기〉에서 '비 대화체 문장 예문' 두 개와 '대화체 예문' 한 개를 제시하였다. 그리고 연습 문제로서 각 문법 항목마다 다섯 개의 대화문을 제시하여 학습자가 해당 문법을 활용하여 빈 칸에 답을 써 넣도록 하였다. 단, 문어체 문법의 경우에는 대화체가 아닌 예문으로 제시하여 구어체 문법과는 구별되도록 하였다.

11 각각의 문법에 대한 연습은 한 페이지를 넘지 않도록 구성하였다. 이는 일부 고급 문법의 경우, 다양한 단어와 함께 폭넓게 쓰이는 경우가 많지 않기 때문이다.

12 문법 연습 문제 하단에는 ≪문법 Tip≫을 통해 목표 문법의 용법에 맞는 간단한 설명과 함께 문법 이해에 도움이 되는 정보들을 제시하였다.

13 문법 10개를 학습할 때마다 ≪확인 학습≫ 문제를 실어 '복습' 및 '정리학습'을 할 수 있도록 하였다. 1번 유형은 토픽 쓰기 문제처럼 예문에 알맞은 문형을 찾는 문제이며, 2번 유형은 선을 이어 문장을 완성하는 문제로서 학습자가 비교적 가벼운 마음으로 복습과 점검이 짧은 시간 안에 이루어지도록 배려하였다.

14 책 뒤에는 ≪부록≫으로 각각의 연습 문제에 대한 ≪정답≫을 붙였다. 이는 학습자가 혼자서도 학습이 가능하도록 하기 위함이다.

15 ≪어휘 활용 연습≫ 3번 유형이나 ≪문법 활용 연습≫문제처럼 다양한 답이 나올 수 있는 열린 질문의 경우에도 '정답'을 제시하였다. 그러나 이 정답은 하나의 예시일 뿐, 상황에 따라 매우 다양한 답이 가능하다. 그러므로 교사는 이 점을 이해하고 학습자 각각의 답안을 꼼꼼히 점검해 주어야 하며, 학습자들도 자신이 쓴 답이 정답지에 제시된 것과 다르다고 해서 틀렸다고 생각하지 말고 선생님께 꼭 점검을 받으면서 공부해 주기를 바란다.

16 학습자들은 ≪어휘 활용 연습≫에서 약 880개 정도의 고급 어휘를 학습할 수 있을 뿐만 아니라 ≪문법 활용 연습≫에 나오는 어휘들까지 포함하면 총 2000개 이상의 고급 어휘를 학습하게 된다. 이 고급 어휘들을 학습자가 찾아보기 쉽도록 '가나다'순으로 정렬하고 쪽 번호를 표시하여 ≪어휘 색인≫으로 제시하였다. 단어만 뽑아 목록화한 것이 아니고, 단어와 결합하여 자주 쓰는 표현들도 하위어로 제시하였다. 다만, ≪어휘 활용 연습≫에서 제시한 목표 어휘 약 350개와 어휘 연습 문제에서 활용하고 이를 ≪새 단어≫ 목록으로 제시한 약 530개의 고급 어휘들은 ≪어휘 색인≫에 포함시키지 않았음을 밝혀 둔다.

17 초판, 재판을 거듭하면서, 외국인 학습자들이 특히 어려워하는 관용표현 및 속담 등에 대한 아쉬움이 컸었다. 이에 고급 토픽에 자주 출제되었던 관용표현, 속담, 의태어, 사자성어 등을 분석하여 ≪부록≫에 학습 과제로 제시하였다. 학습 범위만이라도 최소화하였으므로 토픽 준비 및 고급 표현을 익힘에 있어 소중한 지침이 되리라 믿는다. 모쪼록 이 교재를 통해 고급 어휘와 문법에 대한 사용 능력을 높이고 한국어능력시험에도 모두 합격하기 바란다.

CONTENTS

- 어휘 활용 연습 1~22　　　　　　　　　1

- 문법 활용 연습 1~130　　　　　　　　47

- 부록　　　　　　　　　　　　　　　193
  - TOPIK 필수 관용표현, 속담, 의태어, 사자성어　　195
  - 어휘 활용 연습 정답　　　　　　　　201
  - 문법 활용 연습 정답　　　　　　　　207
  - 문법 확인 학습 정답　　　　　　　　224
  - 어휘 색인　　　　　　　　　　　　226

문법 활용 연습 목차

1 −껏 49	25 −는가 하면 75
2 −ㄹ/을 걸 그랬다 50	26 −ㄴ/는다 치더라도 76
3 −다시피 51	27 −ㄹ/을 성싶다 77
4 −기(가) 일쑤다 52	28 −ㄹ/을 리(가) 만무하다 78
5 −자면 53	29 −려/으려니 하다/생각하다 79
6 (아무리/비록) −ㄹ/을망정 54	30 −게끔 80
7 −거니와 55	■확인 학습 03 81
8 −ㄴ/는답시고 56	31 −더라도 82
9 −되 57	32 −ㄹ/을 바에(야/는) 83
10 −자니 58	33 −다 보면 84
■확인 학습 01 59	34 −ㄹ/을라치면 85
11 (아무리) −ㄴ/는댔자 60	35 (아무리/비록) −ㄹ/을지언정 86
12 −아/어/여서야 61	36 −ㄴ/는다 싶으면 87
13 −ㄹ/을세라 62	37 −아/어/여 보건대 88
14 −거들랑 63	38 −는 이상 89
15 −ㄴ/는다기에 64	39 −면/으면 몰라도 90
16 (아무리/비록)−기로서니 65	40 −ㄹ/을 참이었다 91
17 −ㅁ/음에 따라(서) 66	■확인 학습 04 92
18 −ㄴ/는 대로 67	41 −기 십상이다 93
19 −ㄴ/은 나머지 68	42 −기 나름이다 94
20 −기만 하면(야) 69	43 −는지라 95
■확인 학습 02 70	44 −건만 96
21 (아무리) −ㄴ/은들 71	45 −ㄹ/을진대 97
22 −ㄹ/을뿐더러 72	46 −랴/으랴마는 98
23 (아무리/비록) −ㄹ/을지라도 73	47 −다 못해 99
24 −는 가운데 74	48 −기에 앞서(서) 100

49 -ㄹ/을 것까지(야) 없다 101	74 -ㄹ/을 턱이 있다/없다 129
50 -ㄴ/는다면야 102	75 -기(가) 이를 데(가) 없다 130
■ 확인 학습 05 103	76 -는 한편 131
51 -ㄹ/을 대로 -아/어/여서 104	77 -는 탓에 132
52 -로/으로써 105	78 -고 나니(까) 133
53 -라/이라고는 106	79 -므/으므로 134
54 -나/이나마 107	80 -이니만큼 135
55 -로/으로 말미암아 108	■ 확인 학습 08 136
56 -는 양 109	81 -건대 137
57 -는 동시에 110	82 -다/이다마는 138
58 -려/으려는 차에 111	83 -라/이라든가....................... 139
59 -ㅁ/음에도 불구하고 112	84 -라/이라느니 -라/이라느니 ... 140
60 -로/으로 하여금 113	85 -고(서)도 141
■ 확인 학습 06 114	86 -더(라)만 142
61 - 못지않게 -도 115	87 -는 까닭에 143
62 -ㄴ/는다 한들 116	88 -노라면 144
63 -건 (간에) 117	89 -는 만큼 145
64 -ㄴ/는다기보다(는) 118	90 -리/으리만치 146
65 -는 둥 마는 둥 하다 119	■ 확인 학습 09 147
66 -ㄹ/을 법도 하다 120	91 (아무리/비록) -ㄴ/는다손 치더라도 148
67 -겠거니 하다 121	92 -ㅁ/음직하다 149
68 -느니만 못하다 122	93 -는 셈 치다 150
69 -는 게 고작이다 123	94 -는 판에 151
70 -겠다니 124	95 -는 것으로 미루어 152
■ 확인 학습 07 125	96 -는바 153
71 -련/으련마는 126	97 -았/었/였은즉 154
72 -건 말건 127	98 -겠냐마는 155
73 -기만 하다 128	

99 −거늘 156	124 −는 마당에 184
100 −는 듯해도 157	125 −리/으리만큼 185
■확인 학습 10 158	126 −을/를 마다하고 186
101 −기에 망정이지 159	127 −기로 들면 187
102 −기 짝이 없다 160	128 −는 반면(에) 188
103 −ㄹ/을 따름이다 161	129 (−나/이나 −나/이나) 할 것 없이 189
104 −거나 말거나 162	130 −ㄹ/을락 말락 하다 190
105 −면/으면 −았/었/였지 163	■확인 학습 13 191
106 −고자 164	
107 −은/는 둘째 치고 165	
108 −건/이건 −건/이건 (간에) 166	
109 −도 −려/이려니와 167	
110 −만 하더라도 168	
■확인 학습 11 169	
111 −라/이라면 모를까 170	
112 −아/어/여 봤자 171	
113 −는 한이 있어도 172	
114 −ㄴ/는대서야 173	
115 −인지라 174	
116 −에 의해(서) 175	
117 −는 법이다 176	
118 −을/를 막론하고 177	
119 −려/으려 들다 178	
120 −라/이라기보다(는) 179	
■확인 학습 12 180	
121 −ㄹ/을 나위(도) 없다 181	
122 −는 바와 같이 182	
123 −더니만 183	

TOPIK 대비

고급 어휘 활용 연습 1~22

소통

어휘 활용 연습 01

1. 다음 어휘에 맞는 의미를 찾아 선으로 이으십시오.

1) 개념 ·	· ⓐ 관심을 두지 않고 대강 보아 넘기는 것
2) 개괄하다 ·	· ⓑ 어떤 사물에 대한 일반적이고 본질적인 뜻과 내용
3) 간과 ·	· ⓒ 한 번 정했던 것의 잘못된 부분이나 부족한 부분을 고쳐 다시 정함
4) 개정 ·	· ⓓ 저마다 따로따로
5) 개별 ·	· ⓔ 일이나 사건의 중요한 부분이나 요점을 간추리다.

2. 〈보기〉에서 알맞은 어휘를 골라 문장 안에 쓰십시오.

〈보기〉	강좌	개정	가령	개별	개념	개요

1) 사회 환경이 과거와는 많이 달라졌으므로 법규의 _____이/가 필요합니다.

2) _____ 시간이 충분하다고 하더라도 그것을 잘 활용하지 않으면 아무 소용이 없습니다.

3) 대학에 입학하기 전에 전공학과의 _____을/를 미리 청강해 본다면 대학생이 되었을 때 큰 도움이 될 것입니다.

4) 유학생활에 어려움을 느끼는 학생들은 선생님과 _____ 상담을 통하여 도움을 받기 바랍니다.

5) 이번 학기에 이 과목을 듣게 되었는데 과목 _____을/를 알 수 있는 강의 계획서가 있으면 주십시오.

6) 대학에서 공부할 때에는 전공과목에 나오는 중요한 _____을/를 잘 이해하는 것이 중요합니다.

3. 〈보기〉의 어휘를 활용하여 문장을 완성하십시오.

| 〈보기〉 | 개괄하다 | 개관(概觀)하다 | 개괄적 | 간결하다 |
| | 간과하다 | 감안하다 | 가시적 | |

1) '사회학 개설'이란 과목은 사회학에 대해 _____ 소개하고 있는 기초 전공과목입니다.

2) 현대사를 제대로 이해하기 위해서는 근대사에 대해 먼저 _____ 좋습니다.

3) 그 사람은 같은 실수를 세 번이나 반복했으므로 도저히 _____ 없는 일입니다.

4) 우리는 지난 시간에 선생님과 함께 한국의 현대 문화에 대해 _____ 보았습니다.

5) 우리 학교는 학생의 처지를 _____ 한국어 교재를 20% 싼 가격에 팔고 있습니다.

6) _____ 문체를 사용하여 쓴 글이 좋은 글이라고 말할 수 있습니다.

7) 올해 우리 회사가 이룬 _____ 성과가 이 그래프에 잘 나타나 있습니다.

새 단어	뜻	새 단어	뜻
강의		상담	
개설		성과	
과목		소용	
교재		이루다	
그래프(graph)		전공과목	
근대사		전공학과	
기초		처지	
반복하다		청강하다	
법규		현대사	
사회학		활용하다	

어휘 활용 연습 02

1. 다음 어휘에 맞는 의미를 찾아 선으로 이으십시오.

1) 고찰하다 ·	· ⓐ 실험이나 검사를 통해 어떤 사실을 증명함
2) 거시적 ·	· ⓑ 신문, 잡지, 출판물 등에 글을 적어 넣거나 그림 따위를 싣다.
3) 견해 ·	· ⓒ 어떤 현상이나 대상 등을 전체적인 구조로 파악하려는 태도(방법)
4) 게재하다 ·	· ⓓ 어떤 사물이나 현상을 바라보는 시각이나 의견
5) 검증 ·	· ⓔ 어떤 사물이나 현상을 깊이 생각하여 살피다.

2. 〈보기〉에서 알맞은 어휘를 골라 문장 안에 쓰십시오.

〈보기〉	계기	결과물	검토	견해	객관화	거론	결핍

1) 우리 팀이 그동안 연구해 낸 _____을/를 이번 주까지는 제출해야 합니다.

2) 답안지를 제출하기 전에 한 번 더 _____을/를 해 본 후에 제출하는 게 좋습니다.

3) 요즘 흡연으로 인한 비흡연자들의 건강 문제가 자주 _____되고 있어 길거리에서의 흡연도 법적으로 규제하려는 움직임이 있습니다.

4) 여러분의 시력이 저하되고 있다면 비타민 A가 _____되어 있지 않은지 살펴야 합니다.

5) 한국에 유학을 오기로 결정하게 된 _____이/가 무엇입니까?

6) 올해부터 발효되는 한·미 FTA에 대한 당신의 _____을/를 듣고 싶습니다.

7) 자신의 장·단점을 _____하여 말하기는 쉽지 않습니다.

3. 〈보기〉의 어휘를 활용하여 문장을 완성하십시오.

〈보기〉	고정적	결합하다	고취시키다	고찰하다
	거시적	검증되다	게재되다	

1) 그 대학원생이 발표한 논문은 이번 학회지에 _____.

2) 수소와 산소가 _____ 물이 됩니다.

3) 사람의 생각이 평생 _____ 것은 아닙니다. 시간의 흐름과 환경의 변화에 따라 사람의 생각도 달라질 수 있기 때문입니다.

4) 이 식품들은 이미 식약청으로부터 그 안전성이 _____ 안심하고 먹어도 됩니다.

5) 이 논문은 최근 심각해지는 지구환경에 대해 _____ 논문입니다.

6) 젊은이들에게 애국심을 _____ 나라사랑에 대해 어렸을 때부터 교육하지 않으면 안 된다고 생각합니다.

7) 기업들이 치열한 국제 경쟁에서 살아남기 위해서는 _____ 세계경제를 바라보며 그에 맞는 경영전략을 세워 나가야 합니다.

새 단어	뜻	새 단어	뜻
경영전략		안심하다	
규제하다		안전성	
논문		애국심	
답안지		연구하다	
발효되다		움직임	
법적		저하	
비흡연자		제출하다	
산소		치열하다	
살피다		평생	
수소		학회지	
시력		환경	
식약청		흡연	

어휘 활용 연습 03

1. 다음 어휘에 맞는 의미를 찾아 선으로 이으십시오.

1) 관점 ·	· ⓐ 일정한 기간 가르치고 배워야 할 내용과 분량이나 절차
2) 교양 ·	· ⓑ 어떤 일에 관련하여 참여함
3) 과정 ·	· ⓒ 기초나 바탕을 닦아 체계를 세우는 것
4) 구축 ·	· ⓓ 지식, 도덕성, 사회성 등을 바탕으로 길러진 품위나 문화에 대한 폭넓은 지식
5) 관여 ·	· ⓔ 사물이나 현상을 관찰할 때, 그것을 보거나 생각하는 태도나 처지

2. 〈보기〉에서 알맞은 어휘를 골라 문장 안에 쓰십시오.

〈보기〉   과정   관용   관점   교양   과업   과제   교과목

1) 지구 환경 문제는 단시일 내에 간단하게 해결할 수 있는 문제가 아니기 때문에 장기적인 _____에서 해결 방안을 찾아야 합니다.

2) 외국인 유학생들은 대학에 입학하기 전에 먼저 어학 _____을/를 밟고 토픽시험에 합격해야 합니다.

3) 대학에 입학하면 전공 공부를 하기 전에 먼저 _____과목을 들어야 합니다.

4) '우물 안 개구리'라는 말은 일부분만 알고 넓은 세상의 형편을 잘 모르는 사람을 일컫는 _____표현입니다.

5) 이번에 우리 팀에게 떨어진 _____을/를 앞으로 두 달 안에 완성해야 합니다.

6) 우리 학교는 현재 기초 _____ 외에도 현장 학습, 자원봉사 등 다양한 과정을 운영하고 있습니다.

7) 우리 인류가 후손들에게 물려주고 반드시 이루어야 할 _____은/는 평화세계입니다.

3. ⟨보기⟩의 어휘를 활용하여 문장을 완성하십시오.

⟨보기⟩	구체적	구축하다	광범위하다	구성되다
	구현하다	관여하다		

1) 민주국가에서는 국민이 국가정책에 대해 _____.

2) 한국의 국회는 현재 집권 세력을 대표하는 여당과 그 여당의 독주를 막기 위해 견제의 역할을 하는 야당으로 _____.

3) 두 나라 간에 활발한 교류가 이루어지려면 신뢰관계를 먼저 _____.

4) 이 회사는 새로운 기술을 통해 이전 화면보다 더 선명한 화면을 _____
   _____.

5) 설득력 있는 발표를 하기 위해서는 _____ 자료를 준비해야 합니다.

6) 최근에 세계적으로 불고 있는 한류열풍은 한국 문화산업에 _____ 영향을 미치고 있습니다.

새 단어	뜻	새 단어	뜻
견제		외(外)	
교류		우물	
단시일		운영하다	
독주		이전	
물려주다		인류	
미치다		일부분	
민주국가		일컫다	
방안		장기적	
선명하다		집권	
설득력		해결	
세력		현장	
신뢰		형편	
야당		화면	
어학		후손	
여당			

어휘 활용 연습 04

1. 다음 어휘에 맞는 의미를 찾아 선으로 이으십시오.

1) 긴밀성	ⓐ 매우 크게 됨. 또는 가장 크게 함
2) 근거	ⓑ 사물의 본질·바탕이 되거나 그러한 근본을 이루는(것)
3) 규명	ⓒ 어떤 일이나 의견의 바탕이 되는 근본이나 까닭 (이유)
4) 근본적	ⓓ 서로 관계가 밀접한 성질이나 경향
5) 극대화	ⓔ 어떤 사실을 자세히 묻고 따져 실제 사실을 밝히는 것

2. 〈보기〉에서 알맞은 어휘를 골라 문장 안에 쓰십시오.

〈보기〉 논문 기반 긴밀성 논란 규정 단기 단위 규명 기존 근거

1) 그는 방학 때 2주 동안 미국으로 _____ 어학연수를 가려고 계획 중입니다.

2) 학생들은 학교의 _____ 을/를 잘 알고 지켜야 학교생활을 원만하게 해 나갈 수 있을 것입니다.

3) 큰 조직을 원활하게 운영하려면 부서 간에 _____ 을/를 유지하는 것이 무엇보다도 중요합니다.

4) 그런 말을 하는 _____ 이/가 무엇인지 밝혀 주십시오.

5) 한국에서 길이를 재는 _____ 은/는 미터(m)이고, 무게를 재는 _____ 은/는 그램(g)입니다.

6) 현대 지식정보사회는 지식의 창출·보호·활용에 _____ 을/를 둔 사회를 말합니다.

7) 급격히 변하는 현대사회에서 _____ 의 전통적 사고방식에만 얽매여 있으면 새로운 변화에 능동적으로 대처하지 못하게 됩니다.

8) 암 사망률을 줄이기 위해서는 하루 빨리 암 치료 물질에 대한 _____이/가 있어야 한다.

9) 대학을 졸업하기 위해서는 반드시 _____을/를 써서 제출하고, 그것이 교수의 심사를 통해 통과되어야 합니다.

10) 여당의 한·미 FTA 협상안 날치기 통과에 대해 정치권과 국민 사이에 아직도 찬반 _____이/가 있습니다.

3· 〈보기〉의 어휘를 활용하여 문장을 완성하십시오.

〈보기〉	나열하다	논의하다	근본적	극대화하다

1) 기업의 존재 목적은 이윤을 _____.

2) 단속 카메라를 아무리 많이 설치한다 해도 난폭한 운전 습관에 대한 _____ 해결책은 안 될 것입니다.

3) 해결하기 어려운 문제가 있다면 회의를 소집해서 정식으로 _____.

4) 이 파일에 적혀 있는 이름들을 가나다 순으로 _____ 어떻게 해야 하죠?

새 단어	뜻	새 단어	뜻
FTA		원만하다	
가나다순		원활하다	
간(間)		유지하다	
급격히		이윤	
난폭하다		재다	
날치기		적히다	
능동적		정식	
대처하다		정치권	
물질		조직	
보호		존재	
부서		지식	
사고방식		찬반	
사망률		창출	
소집하다		치료	
심사		통과	
얽매이다		해결책	

어휘 활용 연습 05

1. 다음 어휘에 맞는 의미를 찾아 선으로 이으십시오.

1) 대체하다 ·	·	ⓐ 어떤 상태가 더 높거나 나은 상태로 들어서다.
2) 대안 ·	·	ⓑ 어떤 일이 바로 눈앞에 닥치다.
3) 대비(對比) ·	·	ⓒ 어떤 일을 대신하는 다른 생각이나 안건
4) 당면하다 ·	·	ⓓ 서로의 차이를 밝히기 위해서 맞대어 견줌
5) 도약하다 ·	·	ⓔ 다른 것으로 바꾸거나 대신하다.

2. 〈보기〉에서 알맞은 어휘를 골라 문장 안에 쓰십시오.

〈보기〉	동시	대상	동의	동향	도달	대안	동질성

1) 요즘 국제 유가의 상승으로 물가 _____이/가 심상치 않습니다.

2) 이 신작 영화는 한국과 일본, 중국 세 나라에서 _____에 상영될 예정이다.

3) 한국에서는 남녀가 20살이 되면 부모의 _____ 없이 결혼할 수 있습니다.

4) 남·북한이 필연적으로 통일될 수밖에 없는 이유는 역사적, 혈통적, 민족적, 언어적 _____ 때문입니다.

5) 한국어 실력을 유창한 수준까지 _____시키기 위해서는 집중적인 학습과정을 2~3년간 지속할 필요가 있습니다.

6) 지금의 방식이 안 좋다고 비판만 하지 말고 더 좋은 _____이/가 있으면 제시해 주세요.

7) 연구를 시작하기 위해서는 먼저 연구 _____을/를 명확히 해야 한다.

3. 〈보기〉의 어휘를 활용하여 문장을 완성하십시오.

〈보기〉	대체하다	당면하다	도약하다	달성하다
	대등하다	대비되다	대등적	

1) 남녀가 하는 역할은 서로 다를지라도 그 가치는 _____ 볼 수 있습니다.

2) 남북 간 경제교류가 활발해진다면 북한 경제는 한국의 기술력에 힘입어 크게 _____.

3) 50년 전 한국의 GNP와 현재의 GNP는 너무도 극명하게 _____.

4) 과거에는 많은 사람들이 하던 일들을 지금은 대부분 기계나 컴퓨터가 _____.

5) 그 회사는 이번 달 생산 목표를 _____기 위해 전 사원이 노력하고 있습니다.

6) 북한은 미국과 _____ 구축하기 위해 오랫동안 핵무기 개발을 추진해 왔다.

7) 현재 인류가 _____ 과제는 환경파괴 문제와 종교 간 분쟁과 갈등 문제입니다.

새 단어	뜻	새 단어	뜻
갈등		신작	
개발		심상치 않다	
구축하다		예정	
기술력		유창하다	
대부분		제시하다	
동질성		지속하다	
명확히		집중적	
민족적		추진하다	
방식		파괴	
분쟁		필연적	
비판		학습	
상승		혈통	
상영되다		힘입다	
생산		GNP	
수준			

어휘 활용 연습 06

1. 다음 어휘에 맞는 의미를 찾아 선으로 이으십시오.

1) 명시 ·	·	ⓐ 어떤 일을 한 쪽에서 다른 쪽으로 전달하는 물체나 수단
2) 매개하다 ·	·	ⓑ 분명하게 드러내 보이거나 밝힘
3) 맥락 ·	·	ⓒ 어떠한 둘 사이에서 서로의 관계를 연결해 주다.
4) 모색하다 ·	·	ⓓ 일이나 사건 따위를 해결할 수 있는 방법이나 단서를 더듬어 찾다.
5) 매체 ·	·	ⓔ 사물이나 계통 따위가 서로 이어져 있는 관계

2. 〈보기〉에서 알맞은 어휘를 골라 문장 안에 쓰십시오.

〈보기〉	등(等)	매체	맥락	맺음말	머리말
	명분	명칭	모형	목록	문헌

1) 신라의 고도(古都)인 경주의 불국사는 1995년에 세계문화유산 _____에 등록되었습니다.

2) 외국어를 잘 배우려면 단어나 표현 중심으로 하나하나를 기억하기보다는 대화가 이루어지고 있는 전체적 상황 _____을/를 통해 단어나 표현을 기억하는 것이 더 효과적입니다.

3) 논문을 쓰기 전에 먼저 연구 주제와 관련 있는 _____ 자료를 찾는 작업을 해야 합니다.

4) 지금은 나라마다 대중 _____의 발달로 대중문화가 크게 발전하고 있는 시기입니다. 특히 인터넷 _____을/를 통해 세계적 차원에서 문화의 대중화가 급속히 진행되고 있습니다.

5) 책 저자는 책을 펴내게 된 목적이나 의도, 의의, 책이 나오기까지 도와주신 분들에게 감사의 뜻 등을 전하기 위해 책의 앞부분에 _____을/를 적어 놓습니다.

6) _____에 너무 치우치다가는 현실적인 이익에 소홀해지기 쉽습니다.

7) 서론과 본론을 다 말했으니 이제 마지막으로 _____을/를 해야겠지요.

8) 그 교수는 학회 발표에서 지금까지와는 다른 학습 _____을/를 제시하여 주목을 받았습니다.

9) 중국의 정식 _____은/는 중화인민공화국이다.

10) 취미 활동에는 등산, 낚시, 스키 타기, 수영 _____ 다양한 활동들이 있습니다.

3. 〈보기〉의 어휘를 활용하여 문장을 완성하십시오.

〈보기〉   매개하다   명시하다   모색하다

1) 효과적인 학습이 되도록 하기 위해 선생님들은 매일 좋은 교육 방안을 _____.

2) 대부분의 회사에서는 회사 규칙으로 건물 내 금연을 _____.

3) 사람과 사람 사이의 의사소통을 _____ 것은 말, 즉 언어입니다.

새 단어	뜻	새 단어	뜻
경주		의사소통	
고도(古都)		작업	
급속히		저자	
대중문화		주목을 받다	
본론		주제	
불국사		중화인민공화국	
서론		진행되다	
세계문화유산		차원	
소홀하다		책이 나오다	
시기		치우치다	
신라		펴내다	
의도		학회	

어휘 활용 연습 07

1. 다음 어휘에 맞는 의미를 찾아 선으로 이으십시오.

1) 변수 ·	· ⓐ 아직 만족스럽지 않다.
2) 반영하다 ·	· ⓑ 일정한 차례나 간격에 따라 늘어놓다.
3) 미흡하다 ·	· ⓒ 다른 것에 영향을 받아 어떤 현상이 나타나거나, 그런 현상을 나타내다.
4) 발췌하다 ·	· ⓓ 책이나 글 가운데서 필요하거나 중요한 부분을 가려 뽑아내다.
5) 배열하다 ·	· ⓔ 어떤 관계나 일정한 범위 안에서 여러 가지 값으로 변할 수 있는 수

2. 〈보기〉에서 알맞은 어휘를 골라 문장 안에 쓰십시오.

〈보기〉	미시적	방법론	범위	법규	변수

1) 교통사고의 대부분은 교통 _____을/를 제대로 지키지 않기 때문에 일어난다고 합니다.

2) 이번 기말시험 _____은/는 교과서 1과부터 8과까지니까 열심히 공부해서 좋은 성과를 얻기 바랍니다.

3) 학문 연구 _____의 유형으로는 보통 연역적 _____와/과 귀납적 _____이/가 있습니다.

4) 물가가 이렇게 불안한 것은 국제 유가 상승이 중요한 _____로/으로 작용하기 때문입니다.

5) 국제경제를 바라볼 때는 거시적인 관점에서 봐야지 _____인 관점에서만 보면 제대로 안 보입니다.

3. 〈보기〉의 어휘를 활용하여 문장을 완성하십시오.

〈보기〉	미흡하다	반영하다	발간하다	발췌하다
	발행되다	배양하다	배열하다	

1) 이번 시간에는 남·북한에만 서식하는 천연기념물 750여 종 중 200여 종만 _____ _____ 발표하도록 하겠습니다.

2) 참고 문헌의 목록은 가나다 순으로 _____.

3) 「주간세계」는 매주 _____ 잡지로서 시사적인 뉴스를 주로 다루고 있습니다.

4) 한국농수산대학 채소학과에서는 좋은 채소를 개발하기 위한 실험의 일환으로 다양한 채소의 씨앗을 _____.

5) 장애인 편의시설은 과거에 비하면 많이 갖춰졌지만, 유럽 선진 복지사회에 비하면 아직도 많이 _____.

6) 그 학술지를 1년에 두 번 _____는데 게재되고 있는 논문들에 대한 평가가 대단히 좋다고 합니다.

7) 사람들이 드라마에 빠지는 이유는 드라마가 현실 사회의 모습을 _____기 때문이 아닐까요?

새 단어	뜻	새 단어	뜻
갖추다		시사적	
개발하다		씨앗	
거시적		연역적 방법론	
게재되다		유형	
관점		일환(一環)	
귀납적 방법론		종(種)	
농수산		참고	
다루다		문헌	
복지사회		천연기념물	
서식하다		편의시설	
선진		학술지	
성과를 얻다		현실	

어휘 활용 연습 08

1. 다음 어휘에 맞는 의미를 찾아 선으로 이으십시오.

1) 부여하다 ・   ・ⓐ 사람에게 권리, 명예, 일 따위를 지니게 해 주거나 사물이나 일에 가치나 중요성 따위를 붙여 주다.

2) 부합하다 ・   ・ⓑ 모든 것에 공통되거나 들어맞는 (것)

3) 부연하다 ・   ・ⓒ 일정한 범위에 여기저기 흩어져 퍼지다.

4) 보편적 ・   ・ⓓ 이해하기 쉽게 설명을 덧붙여 자세히 설명하다.

5) 분포하다 ・   ・ⓔ 어떤 사물이나 현상이 서로 틀림없이 꼭 들어맞다.

2. 〈보기〉에서 알맞은 어휘를 골라 문장 안에 쓰십시오.

〈보기〉	변인	보고서	보편적	본격적
	본론	본질	부여	분포

1) 선생님이 제시한 참고 서적을 읽고 다음 주까지 _____을/를 써서 제출해 주세요.

2) 서론 다음에 오는 _____ 부분은 필자의 주장이 구체적으로 드러나는 부분입니다.

3) 학생의 학습 태도는 공부에 대한 동기 _____이/가 얼마나 되어 있느냐에 따라 다릅니다.

4) '세계평화'는 21세기를 살아가는 세계인들에게 _____로/으로 인식되고 있는 가치입니다.

5) 1월은 _____로/으로 추위가 몰아치는 기간이어서 건강에 각별히 신경을 써야 합니다.

6) 보통 사회현상은 한두 가지 _____에 의해 나타나는 것이 아니라, 다양한 _____에 의해 나타나는 것이다.

7) 남녀별 점수 _____을/를 보면 언어 과목에 있어 여성의 점수가 다소 높은 것으로 나타났습니다.

8) 어떤 문제를 근본적으로 해결하기 위해서는 문제의 _____이/가 무엇인지 정확하게 알아야 합니다.

3. 〈보기〉의 어휘를 활용하여 문장을 완성하십시오.

〈보기〉	별첨되다	부각되다	부연하다	변형시키다
	부합되다	분류하다	분산시키다	

1) 고령화 사회가 되면서 노인문제가 점점 심각하게 _____.

2) 책들을 저자별, 주제별로 _____ 일은 사서들이 하는 일입니다.

3) 정부는 수도권으로 집중되는 인구를 _____ 위해 수도의 일부 기능을 지방으로 옮기기로 했습니다.

4) 아무리 이상적인 법과 제도를 만들어 놓아도 현실생활과 _____ 않을 때는 _____ 법과 제도를 개정해야 합니다.

5) 책 뒤에 해답지와 본문번역이 _____ 있으니 공부할 때 참고하기 바랍니다.

6) 방금 설명한 내용을 제대로 이해를 못 하시는 것 같아 다시 한 번 _____ _____.

7) 유전자 조작 기술은 결국 DNA를 _____는 기술입니다.

새 단어	뜻	새 단어	뜻
DNA		수도권	
각별히		옮기다	
개정하다		유전자	
고령화		인식되다	
구체적		정부(政府)	
근본적		정확하다	
기술		제대로	
남녀별		제도	
다소		조작	
동기		주장	
드러나다		집중되다	
몰아치다		참고하다	
사서(司書)		태도	
사회현상		필자	
서적		해결하다	
세기		해답지	

어휘 활용 연습 09

1. 다음 어휘에 맞는 의미를 찾아 선으로 이으십시오.

1) 비중 · · ⓐ 어떤 일이 되풀이되는 정도

2) 빈도 · · ⓑ 다른 사물과 견줄 때 차지하는 사물의 중요성

3) 세부적 · · ⓒ 새로 만들어 정하다.

4) 설정하다 · · ⓓ 두 사건이나 사물 사이에 서로 관련되는 성질이나 특성

5) 상관성 · · ⓔ 아주 세세한 부분에까지 미치는, 또는 그러한 것

2. 〈보기〉에서 알맞은 어휘를 골라 문장 안에 쓰십시오.

〈보기〉	비중	빈도	사고	사례	상관성
	상위	상호	설문	성과	

1) 토론을 통한 공부는 학습자의 _____의 폭을 넓힐 수 있으므로 권장할 만한 공부 방법이다.

2) 성인병의 증가와 식생활의 서구화 사이에는 밀접한 _____이/가 있다고 합니다.

3) 초급에서 배우는 어휘와 문법들은 일상생활에서 사용 _____이/가 가장 높은 것들이다.

4) 남·북한이 통일되기 위해서는 _____ 경제교류와 문화교류를 통해 서로의 이질성을 극복하는 과정이 필요합니다.

5) 요즘 취업에 가장 큰 _____을/를 차지하는 시험 과목은 역시 영어이다.

6) '과일'은 '사과'의 _____개념입니다. 그와 반대로 '사과'는 '과일'의 하위개념입니다.

7) 이번 학기 수업이 어땠는지 알아보기 위해 _____조사를 준비했습니다.

8) 그동안 내가 직접 경험한 _____을/를 가지고 설명했더니 설득력을 높일 수 있었습니다.

9) 효율적인 업무 시스템을 만들어 놓으면 업무 _____을/를 높일 수 있습니다.

3. 〈보기〉의 어휘를 활용하여 문장을 완성하십시오.

〈보기〉	세부적	삽입하다	상세화하다	상이하다
	상정하다	선정되다	설정하다	

1) 우리 학교는 올해 최우수 학교로 _____.

2) 학교에서 배운 사회생활과 실제 사회생활은 _____ 잘 알고 대처해야 합니다.

3) 쓰레기 재활용도를 현재보다 더 높이기 위해서는 쓰레기 항목을 좀 더 _____.

4) 문제의 원인을 정확히 알려면 관련 사항에 대해 _____ 조사를 해 봐야 할 것입니다.

5) 논문 저자는 독자의 이해를 돕기 위해 각주나 미주를 _____.

6) 오늘 회의에서 통과되지 못한 안건은 내용을 일부 보완하여 다음 회의에 _____.

7) 다른 사람이 마음대로 컴퓨터에 들어오지 못하도록 암호를 _____ 것이 좋습니다.

새 단어	뜻	새 단어	뜻
각주		암호	
개념		업무	
관련		이질성	
교류		일부(一部)	
권장하다		일상생활	
미주		차지하다	
밀접하다		최우수	
보완하다		토론	
사항		폭	
서구화		하위	
성인병		학습자	
시스템(system)		항목	
안건		효율적	

어휘 활용 연습 10

1. 다음 어휘에 맞는 의미를 찾아 선으로 이으십시오.

1) 실질적 · · ⓐ 어떠한 것을 받아들이다.

2) 시사하다 · · ⓑ 형식이나 외양보다 실제로 내용을 갖추거나 본바탕에 근거하는 (것)

3) 수용하다 · · ⓒ 경험적 사실의 관찰과 실험에 따라 적극적으로 증명하는 (것)

4) 실증적 · · ⓓ 생각하거나 계획한 대로 어떠한 일을 해내다.

5) 수행하다 · · ⓔ 어떤 것을 미리 암시하여 간접적으로 알려주다.

2. 〈보기〉에서 알맞은 어휘를 골라 문장 안에 쓰십시오.

| 〈보기〉 | 세분화 | 속성 | 수요 | 수용 | 시각 | 실증적 | 실질적 |

1) 우리 학교 기숙사 시설은 최대 3,000명까지 _____이/가 가능합니다.

2) 남을 위해 살겠다고 말만 할 것이 아니라 _____로/으로 남을 돕는 생활을 실천하는 것이 중요합니다.

3) 정당은 기본적으로 정치권력을 잡으려는 _____을/를 가지고 있습니다.

4) 최근에 한류바람으로 한국어를 배우려고 하는 _____이/가 폭발적으로 늘어나고 있습니다.

5) 학문하는 사람은 어떤 현상을 바라볼 때 비판적인 _____을/를 가져야 합니다.

6) 자신의 주장이 설득력을 얻으려면 _____인 자료가 제시될 필요가 있습니다.

7) 광고의 효과를 극대화하려면 구매자 층을 _____해서 광고를 해야 합니다.

3. 〈보기〉의 어휘를 활용하여 문장을 완성하십시오.

〈보기〉	수강하다	수립되다	수학하다	수행하다
	순환하다	시사하다	신장시키다	

1) 대학에 입학하면 외국인 유학생들은 교양한국어라는 과목을 _____.

2) 한국 정부는 외국 학생들이 한국에 와서 _____ 후에 자기 나라에 돌아가 지도자로서 활약할 수 있도록 '정부 초청 장학금' 제도를 운영하고 있습니다.

3) 이 지하철은 서울 시내를 _____ 2호선 지하철입니다.

4) 최근 원화 가치의 하락세는 올해 한국 경제의 전망이 밝을 것임을 _____.

5) 1980년대 민주화 운동은 한국 국민의 자유와 인권을 _____ 데 큰 역할을 했습니다.

6) 이 과제를 성공적으로 _____기 위해서는 동료 간에 적극적인 협력이 있어야 합니다.

7) 대한민국 정부는 1948년 8월 15일에 _____.

새 단어	뜻	새 단어	뜻
극대화		정치권력	
남		제시되다	
동료		초청	
민주화		최대	
비판적		폭발적	
시설		하락세	
전망이 밝다		학문하다	
정당		현상	

어휘 활용 연습 11

1. 다음 어휘에 맞는 의미를 찾아 선으로 이으십시오.

1) 실현하다 · · ⓐ 가르쳐서 능력 있는 사람을 길러 내다.

2) 언급하다 · · ⓑ 그러함과 그러하지 않음

3) 약화되다 · · ⓒ 어떤 일과 관련하여 말하다.

4) 양성하다 · · ⓓ 힘이나 세력 따위가 약해지다.

5) 여부 · · ⓔ 계획, 꿈, 목표 따위를 실제로 이루다.

2. 〈보기〉에서 알맞은 어휘를 골라 문장 안에 쓰십시오.

| 〈보기〉 | 실태 | 실험 | 실험적 | 심도 | 양상 | 언어적 | 여부 | 역량 |

1) 두 정상은 양국의 FTA를 조속히 체결하기 위해 1시간 동안 _____ 깊은 대화를 나누었습니다.

2) 최근 여성의 사회 진출이 활발한 _____을/를 보이면서 여성의 사회적 지위도 상당히 높아졌습니다.

3) 토픽시험의 합격 _____을/를 당장 알 수는 없습니다. 한 달 정도 기다려야 합격 _____을/를 알 수 있습니다.

4) 조직을 이끄는 리더십을 이론적으로 학습했더라도 실제로 조직을 이끌어 보지 않는다면 조직을 이끌 수 있는 _____은/는 길러지지 않습니다.

5) 막대한 선거비용을 아낄 수 있는 인터넷 투표 방식이 일부 투표에서 _____로/으로 실시되고 있습니다.

6) 한국 정부는 여러 해 전부터 결혼이주여성들의 한국생활 적응 _____을/를 파악하고 지원책을 펴고 있습니다.

7) 한국어가 가진 _____ 특징 중 하나는 형용사, 부사가 발달되어 있다는 것입니다.

8) 자연과학의 연구 방법은 _____ 연구를 통해 이론을 과학적으로 증명하는 방법이 대부분입니다.

3· 〈보기〉의 어휘를 활용하여 문장을 완성하십시오.

| 〈보기〉 | 실현하다 | 심화되다 | 약화되다 | 양성하다 | 언급하다 |

1) 한국 사회는 현재 개인주의가 팽배해지면서 전통적 공동체의식이 _____.

2) 부존자원이 별로 없는 한국이 살 길은 교육을 통해 좋은 인재를 _____ 길 뿐입니다.

3) 한국 사회는 현재 빈익빈부익부 현상이 _____ 있어 계층 간 갈등이 커지고 있습니다.

4) 남의 잘못에 대해서만 _____ 자신의 잘못에 대해서 숨기는 것은 옳지 않습니다.

5) 그 사람은 자신이 젊었을 때 세운 원대한 꿈을 _____기 위해 지금도 노력 중입니다.

새 단어	뜻	새 단어	뜻
개인주의		정상	
공동체의식		조속히	
당장		조직을 이끌다	
막대하다		증명하다	
부존자원		지원책	
선거비용		지위	
실제		진출	
양국		체결하다	
원대하다		투표	
이론적		파악하다	
인재		팽배하다	
자연과학		펴다	
적응		활발하다	

어휘 활용 연습 1.2

1. 다음 어휘에 맞는 의미를 찾아 선으로 이으십시오.

1) 외적 · · ⓐ 중요한 원인

2) 원형 · · ⓑ 사물의 외부 또는 물질이나 육체에 관한 (것)

3) 요인 · · ⓒ 힘을 가장 많이 들이거나 마음을 쏟는 점

4) 연관 · · ⓓ (변하기 전의) 본디의 모양

5) 역점 · · ⓔ 사물이 서로 어울려서 의존하고 제약하며 전체를 이루는 관계

2. 〈보기〉에서 알맞은 어휘를 골라 문장 안에 쓰십시오.

〈보기〉	역점	연관	영역	외연
	요람(要覽)	요소	용어	원형(原型)

1) 두 사건 사이에는 깊은 _____이/가 있는 듯하니 둘을 같이 놓고 조사해 보십시오.

2) 대학 생활 전반을 소개하고 있는 대학 _____을/를 보면 대학 생활을 잘 이해할 수 있습니다.

3) 대학에서 전공 공부를 하려면 전공 _____을/를 정확하게 이해하는 것이 중요합니다.

4) 그 출판사는 출판물을 제작할 때 가격보다 좋은 품질에 _____을/를 두고 있습니다.

5) 동물들은 종종 자신의 _____이/가 침범을 당하지 않도록 필사적으로 싸움을 벌이곤 합니다.

6) 그 고고학자가 하는 일은 공룡의 뼈를 찾아 연구하고 본래의 _____을/를 복원하는 일입니다.

7) 색깔의 기본이 되는 _____을/를 삼원색이라고 하는데 그것은 빨강, 노랑, 파랑을 말합니다.

8) 세계 일류 대학으로 발전하려면 국가적 차원을 넘어 전 세계로 학문적 _____을/를 넓혀야 합니다.

3. <보기>의 어휘를 활용하여 문장을 완성하십시오.

<보기>	연계되다	열거하다	예측하다	완결되다
	요약하다	원용하다		

1) 자신의 내면을 잘 알고 싶으면 자신의 장점과 단점을 10가지씩 _____ 바랍니다.

2) 이 참고서를 읽고 10쪽 내외로 _____ 리포트를 다음 월요일까지 내 주기 바랍니다.

3) 지난 10여 년간 신문 지상에 연재되어 수많은 독자들에게 사랑받았던 대하소설의 제3부가 마침내 _____.

4) 몸의 각 신경 체계는 서로 _____기 때문에 한 곳이 아프면 몸 전체가 그곳에 신경을 집중합니다.

5) 그 과학자의 논문은 많은 학자들이 자신의 논문에 _____ 정도로 권위 있는 논문입니다.

6) 이번 시험 결과를 미리 _____ 보았는데 응시자의 80% 이상이 합격할 것 같습니다.

새 단어	뜻	새 단어	뜻
고고학자		응시자	
공룡		일류	
권위		전반	
내면		제작하다	
내외		조사하다	
년간(연간)		종종	
대하소설		지상	
복원하다		참고서	
뼈		체계	
사건		출판물	
삼원색		출판사	
신경		침범	
싸움을 벌이다		품질	
연재되다		필사적	

어휘 활용 연습 13

1. 다음 어휘에 맞는 의미를 찾아 선으로 이으십시오.

1) 유기적 ·	· ⓐ 원인과 결과
2) 인용하다 ·	· ⓑ 서로 비슷하다.
3) 유사하다 ·	· ⓒ 남의 글이나 의견 가운데서 필요한 부분만을 가져다가 쓰다.
4) 위상 ·	· ⓓ 각 부분이 한 몸처럼 서로 긴밀히 관련되는 (것)
5) 인과 ·	· ⓔ 어떤 사물이 다른 사물과의 관계에서 가지는 위치나 상태

2. 〈보기〉에서 알맞은 어휘를 골라 문장 안에 쓰십시오.

〈보기〉	위계화	위상	위탁	유기적	의외	유형
	이외	이중(二重)	인과	인식	인적	인용

1) 토픽 공부를 할 때는 문제의 _____을/를 잘 파악하면서 공부하는 게 효과적입니다.

2) 월드컵의 성공적인 개최 이후, 한국의 국가 _____은/는 상당히 높아졌습니다.

3) 그 여학생은 국제결혼 자녀로 현재 _____ 국적자입니다.

4) 우유회사들은 생산한 우유를 전국의 각 대리점을 통해 _____ 판매를 하고 있습니다.

5) 어떤 조직을 보더라도 _____되어 있는 것처럼 국제사회도 마찬가지입니다.

6) 그 형사는 두 사건에 _____ 관계가 있음을 밝혀 범인을 잡는 데 공을 세웠습니다.

7) 인생의 가치관과 세계관을 바로 세우기 위해서는 역사에 대한 _____이/가 확고해야 합니다.

8) 아는 사람한테서 온 메일 _____의 광고성 메일은 열어보지 말고 모두 삭제하는 것이 좋습니다.

9) 회사가 지속적으로 발전하려면 각 부서 간에 _____인 협조가 있어야 합니다.

10) 재은 씨는 조선족 동포 학생이라서 김치를 잘 먹을 거라 생각했는데 _____이군요.

11) 이 논문은 저명한 학자들도 자신의 논문에 자주 _____을/를 할 정도로 우수합니다.

12) 한국은 부존자원이 부족하여 교육을 통해 좋은 _____자원을 확보하지 않으면 안 됩니다.

3. 〈보기〉의 어휘를 활용하여 문장을 완성하십시오.

〈보기〉			
원활하다	유도하다	유용하다	의식하다
이바지하다	이수하다	유사하다	

1) 사업에 성공하기 위해서는 자금 회전을 _____ 하는 것이 필수적입니다.

2) 논문의 서론 부분은 본론 부분에 대한 관심을 _____ 내용이 되어야 합니다.

3) 그분은 숱한 어려움 속에서도 평화세계를 앞당기는 데 크게 _____.

4) 한국어를 배워 두면 앞으로 한국 관련 회사에 취직할 때 _____.

5) 졸업하기 위해서는 전공 필수과목을 반드시 _____.

6) 어떤 일에 지나치게 집중하다 보면 주위 상황에 대해 _____ 때가 있습니다.

7) 중국 사람과 몽골 사람, 한국 사람의 얼굴은 아주 _____ 구분이 잘 안 됩니다.

새 단어	뜻	새 단어	뜻
가치관		앞당기다	
개최		저명하다	
공을 세우다		조선족	
관심		주위	
구분		지속적	
국적		집중하다	
대리점		필수과목	
동포		협조	
범인(犯人)		형사	
삭제하다		확고하다	
세계관		확보하다	
숱하다		회전	

어휘 활용 연습 14

1. 다음 어휘에 맞는 의미를 찾아 선으로 이으십시오.

1) 잠재적 · · ⓐ 처음부터 끝까지 변하지 않는 성질

2) 일관성 · · ⓑ 겉으로 드러나지 않고 숨은 상태로 존재하는 (것)

3) 인증하다 · · ⓒ 다른 자료를 인용하여 증거로 삼다.

4) 쟁점 · · ⓓ 한 물체의 영향이 다른 것에 미치다.

5) 작용하다 · · ⓔ 논란 또는 논쟁의 중심이 되는 것

2. 〈보기〉에서 알맞은 어휘를 골라 문장 안에 쓰십시오.

〈보기〉	인증	인프라	일관성	일련	자체
	작문	쟁점	인지적	일차적	잠재적

1) 한국어 공부만 어려운 것이 아니라 하나의 외국어를 공부하는 것 _____이/가 어렵습니다.

2) 초등학교 고학년이 되면서부터 타인의 관점과 사회적 기준에 대해 이해하는 _____ 능력이 발달하게 된다고 합니다.

3) 인터넷쇼핑을 하려면 실명_____을/를 거쳐야 합니다.

4) 토픽시험 쓰기의 마지막 문제는 주어진 어떤 주제에 대해 자신의 생각을 쓰는 _____ 문제입니다.

5) 정보화 사회를 실현하기 위해서는 인터넷 정보망과 정보 관련 _____을/를 튼튼하게 구축하는 것이 필수적입니다.

6) 인류의 기원에 대한 문제는 창조론자와 진화론자 사이에 이어져 온 오랜 _____입니다.

7) 성인병 발병의 _____ 원인은 과도한 스트레스라고 합니다.

8) 사람은 무한한 _____ 능력을 가지고 있지만 평상시에는 그 능력의 5%도 발휘하지 못한고 합니다.

9) 정부가 국민으로부터 신뢰를 얻기 위해서는 _____ 있는 정책을 유지해야 합니다.

10) 이 파일들은 순서가 없어서 불편하니 찾기 쉽게 _____ 번호를 붙여 주세요.

3 · 〈보기〉의 어휘를 활용하여 문장을 완성하십시오.

| 〈보기〉 | 인접하다 | 일컫다 | 입각하다 | 작성하다 | 작용하다 | 재구성되다 |

1) 이 역사 드라마는 어디까지나 역사적 사실에 _____ 만들어졌습니다.

2) 참된 삶이란 남을 위해 자신을 희생하면서 사는 것을 _____.

3) 한국에 _____ 나라는 일본과 중국입니다.

4) 이 저서들을 읽고 리포트를 _____ 다음 주 수요일까지 제출해 주세요.

5) 원심력은 원운동을 하고 있는 물체가 원의 중심에 대해 바깥쪽으로 _____ 힘을 말한다.

6) 지난주 일본 총리대신이 새로 선출되어 내각이 새로운 인물들로 _____.

새 단어	뜻	새 단어	뜻
고학년		원심력	
과도하다		원운동	
구축하다		저서	
기원(起源)		정보망	
기준		정보화 사회	
무한하다		진화론자	
물체		참되다	
발병		창조론자	
발휘하다		총리대신	
번호를 붙이다		타인	
신뢰를 얻다		평상시	
실현하다		희생하다	

어휘 활용 연습 15

1. 다음 어휘에 맞는 의미를 찾아 선으로 이으십시오.

1) 전형적 ·	· ⓐ 같은 부류 안에서 가장 일반적이고 본질적인 특성을 가진 것
2) 정규 ·	· ⓑ 변하지 않는 자기 고유의 성질
3) 정체성 ·	· ⓒ 바르게 세우는 것
4) 전반적 ·	· ⓓ 여러 가지 것에 두루 걸치는 (것)
5) 정립 ·	· ⓔ 일정한 규칙이나 규약, 또는 공식적으로 정한 규정이나 규범

2. 〈보기〉에서 알맞은 어휘를 골라 문장 안에 쓰십시오.

〈보기〉	전략	전반적	전자(前者)	전형적	전환
	점진적	접근성	정규	정립	정체성

1) 시장 환경이 바뀌었기 때문에 새로운 경영 _____이/가 필요합니다.

2) 최근에 학생들의 실력이 과거보다는 _____로/으로 높아졌습니다.

3) 우리 학교는 오전에 _____수업을 하고, 오후에는 특별반 수업을 하고 있습니다.

4) 내일 기온은 영하 10도 정도라고 하니 _____인 겨울 날씨라고 할 수 있습니다.

5) 21세기의 시대정신은 '세계평화'입니다. 이제 새로운 시대에 맞는 세계관 _____이/가 필요합니다.

6) 재외 동포들은 자기 _____을/를 찾지 못하여 정신적으로 방황하는 경우가 많다고 합니다.

7) 마음씨 착한 사람과 고약한 사람 중에서 누구를 선택하시겠습니까? 물론 _____보다 후자가 돈이 아주 많다는 전제가 있습니다.

8) 북한이 국제사회에서 살아남으려면 _____로/으로 시장을 개방할 필요가 있습니다.

9) 우리 학교는 교통이 편리한 곳에 위치하고 있어 _____이/가 좋습니다.

10) 이전에는 남성이었는데 성 _____ 수술을 하고 여자로서 새로운 인생을 사는 사람이 있습니다.

3. 〈보기〉의 어휘를 활용하여 문장을 완성하십시오.

〈보기〉				
	저해하다	적용되다	접속하다	접하다
	정의하다	정정하다	정형화되다	

1) 토픽시험의 문제 유형을 보면 같은 패턴으로 _____ 있는 것을 알 수 있습니다.

2) 법은 누구에게나 공평하게 _____ 법으로서의 권위가 섭니다.

3) 이 전문용어의 의미를 정확하게 _____.

4) 제가 보내드린 논문 파일 중에 오자(誤字)가 조금 있으니까 _____ 연락 드렸습니다.

5) 낯선 외국 문화를 갑자기 _____ 사람들은 보통 당황하게 됩니다.

6) 이제 인터넷에 _____기만 하면 원하는 정보를 모두 얻을 수 있는 세상이 되었습니다.

7) 국제 유가 상승이 유럽을 비롯한 전 세계의 경제성장을 _____.

새 단어	뜻	새 단어	뜻
개방하다		성(性)	
경영		오자(誤字)	
경제성장		위치하다	
고약하다		재외	
공평하다		전문용어	
낯설다		전제	
당황하다		패턴(pattern)	
방황하다		후자	
살아남다			

어휘 활용 연습 16

1. 다음 어휘에 맞는 의미를 찾아 선으로 이으십시오.

1) 주도하다 ·	· ⓐ 의논할 문제나 의견 등을 내어 놓다.
2) 제기하다 ·	· ⓑ 넓게 바라보다.
3) 제고 ·	· ⓒ 앞장서서 이끌거나 지도하다.
4) 조망하다 ·	· ⓓ 정도나 수준을 높이는 것
5) 주류 ·	· ⓔ 큰 흐름. 어떤 조직이나 단체에서 영향력이 가장 큰 세력

2. 〈보기〉에서 알맞은 어휘를 골라 문장 안에 쓰십시오.

〈보기〉	제고	조정	조직	존재
	주류(主流)	주요	중복(重複)	주도

1) 오늘 회의의 _____ 안건은 소비자 불만 사항을 어떻게 최소화할 것이냐 하는 것입니다.

2) 사회생활을 하는 인간은 사회 _____을/를 떠나서는 살 수 없는 _____입니다.

3) 자기 스스로 학습 목표와 비전을 설정하고 그에 따라 학습 계획을 세워 실천하는 학습 방법을 '자기 _____ 학습'이라고 합니다.

4) 우리 공장은 제품 생산성 _____을/를 위해 1일 3교대 근무를 실시하고 있습니다.

5) 고유가 시대를 맞아 장기간의 경기침체로 그 회사는 현재 구조 _____을/를 고려 중입니다.

6) 어느 조직이나 집단 내에서 권력을 잡기 위한 _____와/과 비주류 간의 갈등이 있기 마련입니다.

7) 한국어능력시험인 토픽시험은 급간 _____ 지원이 가능합니다.

3. 〈보기〉의 어휘를 활용하여 문장을 완성하십시오.

〈보기〉	제기하다	제시하다	제약하다	제정되다
	주지하다	조망하다		

1) 비정규직 노동자의 처우를 개선할 수 있는 방안을 _____ 사람들은 많았지만 막대한 예산 문제 때문에 아직까지 뾰족한 수가 없는 실정입니다.

2) 남산타워 전망대에 올라가 시내를 _____ 보면 서울의 모습을 한눈에 볼 수 있습니다.

3) 인간의 기본적인 인권을 _____ 정권이라면 국민의 저항에 부딪힐 수밖에 없습니다.

4) 한국이 IT 강국이라는 사실은 모두가 _____ 있는 사실입니다.

5) 남녀 간 재산상속 차별을 금지하는 법률이 _____ 오래다.

6) 이번 안건이 지니고 있는 문제점을 기탄없이 _____ 주시기 바랍니다.

새 단어	뜻	새 단어	뜻
IT		설정하다	
강국		실정	
개선하다		예산	
고려		인권	
교대		장기간	
구조		재산상속	
금지하다		저항	
기본적		전망대	
기탄없이		정권	
남산타워		제품	
노동자		지원	
불만		집단	
비전(vision)		차별	
비정규직		처우	
비주류		최소화하다	
뾰족한 수		침체	
생산성			

어휘 활용 연습 17

1. 다음 어휘에 맞는 의미를 찾아 선으로 이으십시오.

1) 차원	•	• ⓐ 생활이나 행동의 방법 따위를 가르쳐 주는 내용
2) 지침	•	• ⓑ 일을 실제로 행하다. 또는 법률이나 명령, 재판 등의 내용을 실제로 행하다.
3) 직관	•	• ⓒ 가장 중요하다고 생각하는 점
4) 집행하다	•	• ⓓ 어떤 일을 하거나 생각하거나 할 때의 상황이나 입장 또는 이것을 뒷받침하는 사상이나 학문의 수준
5) 중점	•	• ⓔ 대상을 직접 느껴 깨닫는 것

2. 〈보기〉에서 알맞은 어휘를 골라 문장 안에 쓰십시오.

〈보기〉	중점	증진	지침	직관	직접적	진흥
	질적	집행	차원	참고문헌	창출	

1) 노인들의 건강 _____을/를 위해 정부는 자신에게 맞는 운동을 할 것을 권장하고 있습니다.

2) 그 사람은 경찰의 업무를 방해하다가 공무_____ 방해죄로 구속되었습니다.

3) 상품의 가치는 _____ 가치와 양적 가치로 나누어 볼 수 있습니다.

4) 문화산업의 _____을/를 위해 정부는 문화계를 지원하는 정책을 펴고 있습니다.

5) 국가 경쟁력 강화 _____에서 교육에 대한 투자를 획기적으로 늘려야 한다.

6) 우리 어학원의 초급 과정에서는 정확한 발음 연습에 _____을/를 두고 가르치고 있습니다.

7) 논문의 끝에는 _____ 목록을 반드시 제시해야 합니다.

8) 식중독에 걸리고 싶지 않으면 이 식중독 예방 _____에 꼭 따르시기 바랍니다.

9) 서울은 오늘밤부터 태풍의 _____인 영향권에 들 것으로 예상되어 피해가 우려됩니다.

10) 국가의 지도자가 중대한 결정을 할 때에는 _____에 의존해야 할 때도 많습니다.

11) 오늘날 컴퓨터 기술의 발전은 새로운 일자리의 _____와/과 실업의 증가라는 양면적인 결과를 초래하고 있다.

3 · 〈보기〉의 어휘를 활용하여 문장을 완성하십시오.

〈보기〉	증대되다	지속되다	지적하다	지향하다
	참조하다	집적되다	직결되다	

1) 미래사회는 생명의 가치를 존중하고 세계평화를 _____ 사회가 될 것입니다.

2) 나의 단점을 _____ 뿐만 아니라 격려도 해주는 진정한 친구가 있으면 좋겠다.

3) 남북 관계가 호전될 것이라는 분위기가 확산되면서 주가 오름세가 3달째 _____.

4) 환율은 수출을 주업으로 하는 기업의 수익성과 _____.

5) 우주선을 발사하기 위해서는 어마어마한 자본과 선진 기술이 _____ 비로소 가능합니다.

6) 지난 2사분기에 실시했던 경제 정책을 _____ 다음 4사분기 경제정책을 세울 필요가 있습니다.

7) 한국은 눈부신 경제발전으로 국민들의 소득이 크게 _____ 선진국 진입을 코앞에 두고 있습니다.

새 단어	뜻	새 단어	뜻
강화		어마어마하다	
경쟁력		영향권에 들다	
공무		오름세	
구속되다		우려되다	
눈부시다		일자리	
목록		정책을 펴다	
문화계		증대하다	
발사하다		지원하다	
방해죄		진입	
사분기		초래하다	
소득		코앞에 두다	
수익성		투자	
식중독		호전되다	
양면적		획기적	

어휘 활용 연습 18

1. 다음 어휘에 맞는 의미를 찾아 선으로 이으십시오.

1) 총괄하다 · · ⓐ 낱낱의 것을 하나로 묶거나 종합하다.

2) 척도 · · ⓑ 목적한 것을 끝까지 쫓아 구하다.

3) 추론하다 · · ⓒ 대상이 명확하지 않고 막연한 (것)

4) 추구하다 · · ⓓ 이론이나 근거를 바탕으로 미루어 생각하다.

5) 추상적 · · ⓔ 무엇을 평가, 판단할 때의 기준이 되는 것

2. 〈보기〉에서 알맞은 어휘를 골라 문장 안에 쓰십시오.

〈보기〉   척도   체계   체제   초점   총   총괄   추상적

1) 광복 직후, 한국의 정규 학교교육 _____은/는 일본의 교육 _____에 영향을 받았습니다.

2) 얼마나 밥을 맛있게 먹느냐 하는 것이 건강의 _____이/가 되곤 합니다.

3) 김 교수님의 강연은 자본의 이동과 전쟁의 상관관계에 _____을/를 맞춘 것이었는데, 그것은 매우 충격적인 내용이었다.

4) 공산주의 _____이/가 무너지게 된 것은 인간의 기원을 진화론에 기초를 두었기 때문이라고 봅니다.

5) 국회의원들이 공약을 내세울 때는 _____이기보다는 구체적이고 실현 가능한 내용이어야 유권자들의 지지를 얻을 수 있습니다.

6) 우리 학교에는 _____ 8,977명이 있는데 이 숫자는 교수, 학생, 교직원을 모두 합한 숫자입니다.

7) 인사발령과 신입사원 채용에 관한 _____ 업무는 인사과에서 이루어집니다.

3. 〈보기〉의 어휘를 활용하여 문장을 완성하십시오.

〈보기〉	채택되다	첨부하다	총칭하다	추구하다
	추론하다	추진하다	추출하다	촉진시키다

1) 인간은 누구나 행복을 _____ 살아갑니다.

2) 원고가 _____ 소정의 원고료를 지급할 예정입니다.

3) 조각, 회화, 건축 따위를 _____ '조형 미술'이라고 합니다.

4) 이 제품은 6년근 인삼만을 엄선하여 그 액을 _____ 가공한 제품으로서 효능이 탁월합니다.

5) 입사원서를 제출하는 사람은 이력서에 자기소개서를 _____.

6) 본문에서 모르는 단어가 나올 때는 문맥을 통해 그 뜻을 _____.

7) 한국은 한국전쟁 이후 벌거숭이가 된 산을 녹색화하기 위해 수십 년 동안 나무심기운동을 _____.

8) 선생님들은 학생의 학습 의욕을 _____기 위해 새로운 교수법을 늘 연구하고 있습니다.

새 단어	뜻	새 단어	뜻
개표		압도적	
고전문학		역부족	
공간		의석	
다가오다		일과	
마음을 돌리다		저기압	
말미암다		제공하다	
설령		조직력	
시점		초월하다	
식민지		판단하다	

어휘 활용 연습 19

1. 다음 어휘에 맞는 의미를 찾아 선으로 이으십시오.

1) 통제하다 · · ⓐ 자세히 살피어 찾다.

2) 통합하다 · · ⓑ 이치에 맞다.

3) 취약하다 · · ⓒ 정해진 규칙에 따라 제한하다.

4) 타당하다 · · ⓓ 여러 개를 모두 모아 하나로 합치다.

5) 탐색하다 · · ⓔ 어떤 위험에 대해 여리고 약하다.

2. 〈보기〉에서 알맞은 어휘를 골라 문장 안에 쓰십시오.

〈보기〉 충족 측면 토의 층위 커리큘럼 토대 통일성 통합적

1) 교육과정을 뜻하는 _____은/는 교육을 실행하기 위해 세우는 전체적인 계획을 의미합니다.

2) 지역 사회가 제대로 발전하려면 다양한 _____의 사람들이 협력적 관계를 유지해야 합니다.

3) 남북통일의 _____을/를 마련하기 위해 우리는 남북 간 교류를 지속적으로 늘려야 합니다.

4) 어떤 일이든지 한 _____만 보고 그것이 좋다 나쁘다 말할 수 없습니다.

5) 조직이 커질수록 _____인 관리 시스템이 필요합니다.

6) 그 마트는 고객의 요구를 _____시키기 위해 정기적으로 만족도 조사를 실시하고 있다.

7) 전체적인 _____이/가 결여되어 있어 그의 주장은 설득력이 부족합니다.

8) 임원 회의에서 깊이 _____을/를 한 결과, 신상품 개발에 과감한 투자를 하기로 결정했습니다.

3. 〈보기〉의 어휘를 활용하여 문장을 완성하십시오.

〈보기〉	축적되다	취약하다	타당하다	탐독하다
	탐색하다	통합되다	통제하다	

1) _____ 이유 없이 무단으로 1주일 이상 결석하면 비자 발급에 문제가 생깁니다.

2) 7~80년대의 한국 경제는 서비스 분야가 아주 _____ 지금은 오히려 서비스 분야가 강한 편이다.

3) 음식을 통해 체내에 흡수되는 중금속은 몸속에 계속 _____ 건강에 문제를 일으킵니다.

4) 남을 _____ 것보다 자기를 _____ 것이 더 어려운 법입니다.

5) 그분은 대학생 때 정치 관련 서적을 _____다가 정치에 입문하게 되었습니다.

6) 유럽 각국이 하나의 경제권으로 _____ 정치적으로는 _____ _____.

7) 자기계발서들은 보통 자신의 내면을 _____ 숨겨졌던 자신의 잠재능력을 찾아 발휘하도록 도와줍니다.

새 단어	뜻	새 단어	뜻
결여되다		입문하다	
과감하다		자기계발서	
만족도		잠재능력	
무단		정기적	
문제를 일으키다		중금속	
실행하다		체내	
유지하다		협력적	
임원		흡수되다	

어휘 활용 연습

1. 다음 어휘에 맞는 의미를 찾아 선으로 이으십시오.

1) 표준화하다 ·	· ⓐ 보통의 것과 다르다. 또는 일반적이 아니고 제한적이다.
2) 편중되다 ·	· ⓑ 판단하여 결정하다.
3) 특수하다 ·	· ⓒ 정해진 기준이나 규범에 맞도록 하다.
4) 특화하다 ·	· ⓓ 중심점이 한쪽으로 치우치다.
5) 판정하다 ·	· ⓔ 한 부분에서 전문화하다.

2. 〈보기〉에서 알맞은 어휘를 골라 문장 안에 쓰십시오.

〈보기〉	특강	특수	특수성	특정	틀
	판정	패러다임	편중	편찬	프레젠테이션

1) 아무리 좋은 외래문화라도 자기 문화의 _____을/를 고려하여 받아들이지 않으면 토착 문화와 충돌이 일어날 수 있습니다.

2) 세미나에서 발표를 할 때에는 파워포인트를 이용해 _____을/를 하는 것이 일반적입니다.

3) 회사를 비롯한 모든 조직의 경영 방식이 공급자 중심의 _____에서 소비자 중심의 _____로/으로 전환된 지 오래입니다.

4) 이 학교는 _____분야에 소질이 있는 학생을 선발해 교육하는 특수 목적 고등학교입니다.

5) 오늘날 한국 사회는 부의 _____현상이 더욱 심화되고 있습니다.

6) 내일은 한국문화 연구에 평생을 바쳐 오신 분의 _____이/가 있으니 많이 참석해 주시기 바랍니다.

7) 중국어학과 박 교수님께서는 한중사전, 중한사전 _____사업을 통해 한중관계 발전에 크게 기여했습니다.

8) 그 선수는 상대 선수에게 발을 걸어 반칙 _____을/를 받고 심판으로부터 경고를 받았습니다.

9) 내 인생의 신념은 주의나 종파 등 어떠한 _____에도 얽매이지 않고 사는 것입니다.

10) 사람은 누구에게나 _____ 분야에 소질이 있으므로 그 분야를 찾아 개발할 필요가 있습니다.

3. 〈보기〉의 어휘를 활용하여 문장을 완성하십시오.

| 〈보기〉 | 투입하다 | 특화되다 | 파악하다 | 포괄하다 |
| | 표방하다 | 표준화하다 | 필기하다 | 특수하다 |

1) 그분의 말씀 한 마디 한 마디는 모든 계층의 사람이 하고 싶은 말들을 다 _____ 내용이기 때문에 감동이 있습니다.
2) 학기 초가 되면 자기 반 학생들의 신상 정보를 _____ 선생님들은 설문조사를 합니다.
3) 서울의 청계천 복원 사업은 생태 복원을 _____ 시작한 사업이었습니다.
4) 나이가 들수록 심해지는 건망증을 완화하기 위해서는 _____ 습관이 중요하다고 합니다.
5) 최근 컴퓨터 그래픽으로 _____ 영상 효과를 넣어 현실에서는 불가능한 이미지를 만들어내는 영화가 많습니다.
6) 세계 경제가 통합되어 간다는 것은 기술을 _____ 작업도 뒤따른다는 것을 의미합니다.
7) 자판기에 동전을 _____ 먹지 않고 그냥 토해내는군요. 업체에 연락해야겠어요.
8) _____ 기술을 다양하게 개발하여 다양한 소비자의 수요에 대처해야 기업의 경쟁력을 높일 수 있습니다.

새 단어	뜻	새 단어	뜻
건망증		얽매이다	
경고		업체	
기여하다		완화하다	
반칙		일반적	
발을 걸다		전환되다	
방식		종파	
복원		주의	
생태		청계천	
선발하다		충돌이 일어나다	
수요		토착	
신념		토하다	
신상		통합되다	
심화되다		특수	

어휘 활용 연습 21

1. 다음 어휘에 맞는 의미를 찾아 선으로 이으십시오.

1) 합리적 · · ⓐ 학문의 기술, 또는 그 방법이나 이론

2) 학술 · · ⓑ 수량, 범위, 어떤 개념의 성질을 범위를 정하여 확실히 하다.

3) 필연적 · · ⓒ 반드시 그렇게 되는 (것)

4) 한정하다 · · ⓓ 이치에 맞게, 이치에 맞는 (것)

5) 한계 · · ⓔ 일이나 사물의 정해진 범위

2. 〈보기〉에서 알맞은 어휘를 골라 문장 안에 쓰십시오.

| 〈보기〉 | 필자 | 하위 | 학기 | 학부 | 학술 |
| | 학습자 | 한계 | 함양 | 항목 | |

1) 장애를 가지고 있는 그 선수는 체력의 _____을/를 극복하고 이번 대회에서 우승했습니다.

2) 학교 교육은 인격 _____와/과 더불어 지식 획득을 주목적으로 한다.

3) _____의 정신세계를 잘 이해해야 그 작가의 글을 제대로 이해할 수 있습니다.

4) 나는 _____을/를 졸업하면 바로 대학원에 진학하여 계속 공부할 계획입니다.

5) 이번 토픽 읽기시험은 정보를 정확하게 이해하고 가치판단을 묻는 _____이/가 많아서 외국인 수험생들이 어렵다고 아우성이었습니다.

6) 아버지께서 다른 도시로 회사를 옮기시는 바람에 _____ 중간에 전학을 갈 수밖에 없었다.

7) _____ 중심의 수업이 이루어져야 학습 효과가 높다는 것이 교육계의 일반적인 생각입니다.

8) 이번 세계 농구 선수권 대회에서 우리 농구팀은 저조한 성적으로 _____에 머물렀습니다.

9) 대학은 _____ 연구를 통해 학문의 발전을 도모하는 곳입니다.

3. 〈보기〉의 어휘를 활용하여 문장을 완성하십시오.

| 〈보기〉 | 필수적 | 필연적 | 학문적 | 한정되다 | 합리적 |

1) 그 교수가 평생 이루어 놓은 _____ 업적은 사회과학 분야에 커다란 영향을 주었습니다.

2) 이성에 바탕을 둔 _____ 사고야말로 경영 혁신의 밑거름이 될 것입니다.

3) 우리 부서는 _____ 인력으로 영업 실적을 크게 올려 상을 받았습니다.

4) 역사학은 단순히 과거만을 연구하는 학문이 아니라 과거를 통해 미래 사회의 변화에 슬기롭게 대처하는 데 _____ 학문이다.

5) 자본주의 경제체제에서 '빈익빈 부익부'현상이 _____ 추세라면 이러한 부작용을 최소화하기 위해 범국가적 차원의 대책이 필요하다.

새 단어	뜻	새 단어	뜻
가치판단		슬기롭다	
교육계		실적을 올리다	
단순히		아우성	
대책		인격	
도모하다		인력	
밑거름		저조하다	
바탕을 두다		주목적	
범(국가적)		체력	
빈익빈 부익부		추세	
부작용		혁신	
사고		획득	

어휘 활용 연습 22

1. 다음 어휘에 맞는 의미를 찾아 선으로 이으십시오.

1) 협의(狹義) · · ⓐ 지금으로부터 앞으로, 이후, 이다음

2) 향후 · · ⓑ 어떤 말의 뜻을 좁은 범위에서 해석했을 때의 뜻

3) 효율적 · · ⓒ 무엇인가를 확실하게 마련하거나 갖추다.

4) 확립하다 · · ⓓ 지금의 상황

5) 현황 · · ⓔ 들인 노력에 대해 얻은 결과의 비율이 높은 (것)

2. 〈보기〉에서 알맞은 어휘를 골라 문장 안에 쓰십시오.

| 〈보기〉 | 향상 | 향후 | 현지 | 현황 | 협의(協議) | 확립 | 후속 |

1) 이번 달 영업 실적에 대한 _____을/를 내일 열리는 임원회의에서 보고해야 합니다.

2) 내달 제주도에서 있을 사내 단합 대회에 대한 구체적 일정은 _____ 사정을 종합적으로 고려해 결정하려고 합니다.

3) 우리와 한 마디 _____도 없이 그 일을 추진한 것은 도저히 묵과할 수 없는 일입니다.

4) 교통질서의 _____을/를 위해서는 정부의 노력과 함께 국민들의 인식 전환이 필요합니다.

5) 자연재해가 발생할 지역에서는 임시방편의 대책도 중요하지만 같은 피해를 입지 않도록 _____ 대책을 마련하는 것이 시급합니다.

6) 오늘날 국제화, 정보화, 개방화가 빠르게 진행되면서 제3세계 여성들의 정치적, 사회적 지위 _____도 더 이상 피할 수 없는 과제가 되고 있다.

7) 기상이변과 금융위기로 말미암아 세계 경제에 대한 _____ 전망은 그리 밝은 편이 아닙니다.

3. 〈보기〉의 어휘를 활용하여 문장을 완성하십시오.

〈보기〉	해당되다	현재적	확보하다	확장하다
	확정적	활용하다	획일적	효율적

1) 시간을 _____ 사용하기 위해서는 매일매일 하루 일과를 세우는 습관이 중요합니다.

2) 국회의원 선거 개표가 마무리되고 있는 시점이어서 야당의 압도적인 승리가 거의 _____.

3) 오늘날 개성과 다양성을 중시하는 현대 사회에서 과거 식민지 시대나 산업사회처럼 _____ 사고방식으로 판단하고 행동하는 것은 매우 위험합니다.

4) 여당은 안정적인 의석을 _____ 위해 갖은 애를 쓰고 있으나 경제정책의 실패로 말미암아 유권자들의 마음을 돌리기엔 역부족이었습니다.

5) 훌륭한 고전문학 작품은 시대와 지역을 초월하여 우리의 인생과 가치에 대하여 _____ 의미를 제공한다.

6) 우리 학교 축구팀은 조직력이 뛰어날 뿐 아니라 공간을 폭넓게 _____ 팀이라고 알려져 있습니다.

7) 설령 교칙을 위반했더라도 처벌을 받지 않는 예외 규정이 있지만, 상해 및 절도는 예외 규정에 _____.

8) 내일은 서쪽에서 다가오는 저기압 세력이 크게 _____에 따라 오후부터 점점 흐려지다가 밤 늦게부터 강하게 바람이 불고 폭우가 쏟아지겠습니다.

새 단어	뜻	새 단어	뜻
개방화		실적	
금융위기		영업	
기상이변		유권자	
단합		인식	
도저히		임시방편	
묵과하다		자연재해	
사내(社內)		전환	
시급하다		폭넓다	

TOPIK 대비

고급 문법
활용 연습

1~130

소통

1 • [명]껏

〈보기〉 맘껏   한껏   양껏   실컷   힘껏   정성껏   일껏   기껏

1. 가: 아르바이트 하루 일당은 얼마 받아요?
   나: 하루 일당이 _____ 4만원밖에 안 돼요.

2. 가: 어제 저녁 뭐 먹었니?
   나: 오랜만에 뷔페식당에 가서 고기를 _____ 먹었어.

3. 가: 어제 잘 놀았어요?
   나: _____ 멋을 부리고 _____ 즐겼어요.

4. 가: 신랑 신부의 결혼을 진심으로 축하합니다.
   나: 감사합니다. 음식이 충분히 준비되어 있으니까 _____ 드시고 가세요.

5. 가: 어제 손님들께 식사 대접 잘 하셨어요?
   나: 네, _____ 마련한 음식이 맛있다고들 칭찬이 자자했어요.

6. 가: 이 일을 누가 한번 해 보시겠습니까?
   나: 그 일이라면 반드시 성공할 수 있도록 제가 _____ 추진해 보겠습니다.

7. 가: 아이들에게 _____ 음식을 만들어 주었더니 맛이 별로라고 하네요.
   나: 아까 과자를 먹어서 그럴 거예요.

문법 Tip

- **의미** : ① 일부 명사나 어근 뒤에 붙어, '닿는 데까지'라는 뜻을 더하여 부사를 만든다.
          ② '시간이나 정도가 미치는 데까지'의 뜻을 더하여 부사를 만든다.
- **맘껏** : 마음에 만족스러울 정도로, 있는 힘과 정성을 다하여 ☞ 마음껏
- **일껏** : 모처럼 애써서
- **기껏** : 정도나 힘이 미치는 데까지 ☞ 고작
- 〈주의〉 **실컷** : 마음에 하고 싶은 대로

2 • [동]ㄹ/을 걸 그랬다

〈보기1〉 * 친구에게 먼저 **사과할 걸** 그랬어요.
         * 한 번 더 **도전해 볼 걸** 그랬네.

〈보기2〉 가: 비를 맞고 오셨군요.
         나: 비가 올 줄 알았으면 우산을 **챙겨 나올 걸 그랬어요.**

1. 가: 이번 시험에 떨어졌다고?
   나: 네, 공부를 더 열심히 _____

2. 가: 오늘 좀 늦었구나. 무슨 일이 있었니?
   나: 어제 밤에 좀 더 일찍 _____

3. 가: 공연 시작까지 1시간이나 남았군요.
   나: 그러게 말이에요. 집에서 천천히 _____

4. 가: 또 1킬로가 쪘네. 평소에 _____
   나: 이제부터 운동하면 살을 뺄 수 있으니까 걱정 마.

5. 가: 잘난 척하고 까불다가 넘어졌다던데 정말이야?
   나: 응, _____지 말고 _____

■ 의미: 말하는 사람 자신이 하지 못한 일에 대한 '후회' 또는 '아쉬움'을 나타낸다.

3 • [동]다시피

<보기1>　　* 너도 **알다시피** 내가 얼마나 이 사업에 큰 기대를 했니?
　　　　　* 뛰다가 너무 지쳐 지금은 거의 **걷다시피 하고 있다.**

<보기2>　　가: 어제 강의가 어땠어요?
　　　　　나: 제가 어제는 너무 피곤해서 강의 시간에 거의 **자다시피** 했어요.

1. 가: 은정 씨에게 뭐 안 좋은 일이라도 생겼어요?
   나: 네, 아버지께서 갑자기 쓰러지셨다고 거의 _____ 말하더군요.

2. 가: 조 선생님은 댁에 안 가시는 것 같던데요.
   나: 네, 조 선생님은 학교에서 _____ 하세요.

3. 가: 미애 씨가 갑자기 살이 빠진 것 같은데요.
   나: 살 뺀다고 1주일 전부터 _____ 했으니까요.

4. 가: 민수 씨는 노래방에 자주 간다면서요?
   나: 네, 노래를 무척 좋아해서 노래방에 매일 _____ 해요.

5. 가: 왜 그렇게 숨이 차요?
   나: _____ 걸어와서 그래요.

문법 Tip

- 의미 : ① '-다시피 하다'의 형태로 쓰여 '-는 것과 거의 같다'의 뜻으로 어떤 동작에 가까움을 나타낸다.
　　　　② 문장 앞에서 '듣다, 보다, 알다, 느끼다, 말하다' 등 주로 경험을 나타내는 동사 뒤에 관용적으로 쓰여, 주어가 '경험한 대로, 경험한 것처럼, 경험한 바와 같이'의 뜻이다.

4 • [동]기(가) 일쑤이다

〈보기1〉 * 그 가수의 콘서트는 인기가 많아서 **매진되기 일쑤야!**
* 나는 버스나 지하철에 물건을 **놓고 내리기 일쑤예요.**

〈보기2〉 가: 그 학생 학교생활이 어때요?
나: 그 학생은 아침잠이 많아서 **지각하기 일쑤입니다.**

1. 가: 스미스 씨는 물건을 자주 잃어버리는 것 같네요.
   나: 네, 저는 건망증이 있어서 물건을 어딘가에 _____

2. 가: 그 학생은 마음이 약한가 봐요?
   나: 네, 그래서 조금이라도 어려운 일이 닥치면 쉽게 _____

3. 가: 아이고, 조심하셔야지요. 다치지 않았어요?
   나: 제가 발목이 좀 약해서 눈이 오면 미끄러져 _____

4. 가: 이번에 홍수로 저지대에 살고 있던 사람들이 많은 피해를 입었다면서요?
   나: 네, 맞아요. 정부의 대처가 미흡해서 홍수가 날 때마다 저지대에 사는 사람들은
   _____

5. 가: 스케이트를 처음 배울 때 어땠어요?
   나: _____기가 어려워 _____

문법 Tip

■ 의미 : 어떤 **부정적인 일**이 자주 있음을 나타낸다. 자신의 의지보다는 자연스럽게 또는 저절로 그렇게 되는 경향이 있음을 나타낸다.

5 • [동]자면

<보기1> * 인생이란 **말하자면** 커피 맛과 같은 거야.
         * 내 집을 **장만하자면** 돈을 모아서 재테크를 해야 해.

<보기2> 가: 다른 사람한테 존경을 **받자면** 어떻게 해야 하죠?
         나: 당연히 존경 받을 만큼 훌륭한 일을 해야지요.

1. 가: 날이 밝으려면 아직 멀었어요?
   나: 날이 _____ 아직 2시간은 더 기다려야 합니다.

2. 가: 저는 10년 안에 제 집을 장만하고 싶어요.
   나: 그러세요? 집을 빨리 _____ 열심히 종잣돈을 모아 투자를 잘해야 해요.

3. 가: 어떻게 하면 친구의 신뢰를 얻을 수 있을까요?
   나: 친구의 마음을 _____ 평상시에 먼저 신뢰를 보여 줘야 해요.

4. 가: 이번 방학에는 고향에 돌아간다고요?
   나: 네. 당당하게 _____ 이번 시험을 잘 봐야 하는데 걱정이에요.

5. 가: 밴드 연습을 어디에서 하고 있어요? 뭐 필요한 거 없어요?
   나: 마음껏 _____

문법 Tip

- ■ 의미 : ① 큰 의미 차이 없이 '[동]려/으려면'과 바꿔 쓸 수 있다.
          ② 간접화법 '[동]자고 하면'의 줄임말
             예) 그녀가 같이 **가자면** 함께 갈 거예요.
- ■ <주의> 부정표현 '못', '-지 못하다', '-지 말다'와 같이 쓸 수 없다.
          안 죽**자면** 먹어야 한다. (○)
          죽**지 않자면** 먹어야 한다. (○)
          죽**지 말자면** 숨어야 한다. (×)

6. (아무리/비록) [동/형]ㄹ/을망정
(아무리/비록) [명]일망정

<보기1>
* 비록 새 차는 **못 살망정** 중고차라도 장만해야겠어요.
* 아무리 **신입사원일망정** 그런 큰 실수를 하면 안 되지.

<보기2>
가: 그분은 어떤 분이시죠?
나: 비록 **가난할망정** 봉사하는 삶을 끊임없이 실천하는 분이에요.

1. 가: 요즘 너무 바빠서 식사를 거를 때도 많아요.
   나: 아무리 _____ 끼니를 거르면 되겠어요? 건강을 생각하세요.

2. 가: 이번 외교관 시험에 떨어졌다고 들었는데 힘내세요.
   나: 감사합니다. 비록 시험에 _____ 절대로 제 꿈을 포기하지는 않을 거예요.

3. 가: 저 사람은 생활비가 없어서 남의 물건을 훔칠 수밖에 없었대요.
   나: 사람은 비록 _____ 도둑질은 결코 해서는 안 된다고 생각합니다.

4. 가: 자식을 자기 물건 다루듯 하는 아빠들을 보면 안타까운 생각이 들어요.
   나: 아무리 _____ 그렇게 함부로 대해서는 안 된다고 봅니다.

5. 가: 이번에 한국어경연 전국대회에 나간다고 들었는데 대단하군요.
   나: _____

문법 Tip

- 의미 : ① 앞 문장의 사실에도 불구하고 뒤 문장에서 어떠함을 나타낸다.
         ② 부정적인 상황에서도 뒤 문장 내용이 확고함을 나타낸다.
- 유사문법 : [동/형]ㄹ/을지언정

7. [동/형]거니와 [명]거/이거니와

〈보기1〉 * 이 건물은 전망도 **좋거니와** 교통도 편리한 곳에 있네요.
* 내일은 **개교기념일이거니와** 한국의 국경일이기도 해요.

〈보기2〉 가: 그 학생은 어떤 학생입니까?
나: 공부도 **잘하거니와** 운동도 잘하는 학생이에요.

1. 가: 안색이 안 좋은 것 같은데 무슨 안 좋은 일이라도 있어요?
   나: 요즘은 몸도 _____ 사업도 잘 안 되어 괴롭습니다.

2. 가: 단장님, 출전하는 선수들에게 한 말씀해 주시겠습니까?
   나: 다시 한 번 _____ 이번 경기에 최선을 다해 주기 바랍니다.

3. 가: 이번 산사태 피해는 어느 정도입니까?
   나: 이번 사태로 손해를 본 재산 피해도 _____ 인명 피해도 엄청났습니다.

4. 가: 거듭 _____ 내일은 절대로 지각하는 학생이 있어서는 안 됩니다. 알겠습니까?
   나: 네, 선생님, 꼭 일찍 오도록 하겠습니다.

5. 가: ○○○ 씨, 친구를 한번 칭찬해 보겠습니까?
   나: _____

문법 Tip

- **의미**: ① 앞의 사실에 더해 뒤의 사실까지 있어서 더 어떠하다는 것을 말한다. '[동]는데다가', '[형]ㄴ/은데다가', '[명]인데다가'로 바꿔 쓸 수 있다.
  ② ['다시 말하다, 다시 설명하다, 거듭 강조하다' 등에 붙어] 뒤의 사실과 상관되는 내용을 다시 말함을 나타낸다.
- **과거형**: [명]도 [부][동]았/었/였거니와, [명]도 [형]았/었/였거니와
  예) 그 사람은 학생 때 **공부도 잘했거니와** 운동도 잘했다.
  언니도 머리가 **좋았거니와** 여동생도 머리가 좋았다.

8 • [동]ㄴ/는답시고

〈보기1〉   * 요리를 <u>한답시고</u> 집안을 어질러 놓기만 했네요.
         * 헹리 씨가 매운 음식을 <u>먹는답시고</u> 불닭을 시키더니 물만 마시고 있네요.

〈보기2〉   가: 동생의 영어 실력이 어때요?
         나: 공부를 <u>한답시고</u> 하기는 하지만 아직 실력이 형편없어요.

1. 가: 여동생이 15살이면 외모에 신경을 많이 쓸 나이네요.
   나: 네, 사춘기라서 그런지 _____ 엄마 화장품을 가지고 얼굴에 그림 그리는 연습을 열심히 하곤 해요.

2. 가: 이번 시험 결과가 어땠어요?
   나: 저로서는 열심히 _____ 했지만 _____

3. 가: 오늘 아침에는 일찍 일어난다고 약속했지요?
   나: 아침에 꼭 일찍 _____ 자명종 3개를 맞춰 놓고 잤지만 그것도 별 소용이 없네요.

4. 가: 그 책을 사서 읽겠다고 하더니 읽었나요?
   나: 그 책을 _____ 사기는 했지만 책꽂이에서 잠자고 있어요.

5. 가: 요즘 취미 활동으로 뭐 하세요?
   나: _____

문법 Tip

- 의미 : ① 다른 사람의 어떤 행위에 대해 빈정거리며 얕잡아보거나 못마땅해 함을 나타낸다.
         ② '나'나 '우리'가 주어로 쓰여, 말하는 사람 자신의 행위를 가리켜 겸손하게 말함을 나타낸다.
- 유사 문법 : '[동]ㄴ/는다고' 다만, '[동]ㄴ/는다고'에는 빈정거림이나 겸손함의 뜻은 없다.

9 • [동]되

〈보기1〉 * 유학을 **가긴 가되** 제가 벌어서 학비를 마련하겠습니다.
* 이 약을 **먹되** 3일 정도는 밥 대신 죽을 드셔야 합니다.

〈보기2〉 가: 집에 가는 길에 귤이라도 사 갈까요?
나: 사 **오되** 5,000원어치만 사오세요.

1. 가: 선생님, 매일 운동을 얼마나 하면 되지요?
   나: 운동을 _____ 적당히 하세요. 절대로 무리하시면 안 됩니다.

2. 가: 학생들에게 밥 먹는 시간을 얼마나 줄 수 있지요?
   나: 시간이 없으니 밥을 _____ 10분 안에 다 먹도록 해야 합니다.

3. 가: 엄마, 나 밖에 나가서 놀아도 돼요?
   나: _____ 멀리 가면 안 된다. 알았지?

4. 가: 하기로 계획했던 일은 시작했어요?
   나: 일단 시작은 _____ 앞으로가 걱정입니다.

5. 가: 내일이 한국어능력시험이니까 밤새워 공부할 거예요.
   나: 안 돼요. _____

문법 Tip

- 의미 : ① 앞뒤 사실을 서로 대립적으로 이어 줄 때 쓴다. ⇒ '-지만'의 뜻
  ② 앞 내용을 인정하면서도 그에 대한 제한적인 조건이 있음을 나타낸다. ⇒ '-아/어/여도 좋지만'의 뜻
- 말보다 글에서 쓰이며, 예스러운 느낌을 준다.
- 유사 문법: [동]지만
- 과거형: [동]았/었/였으되
- '[동]긴 [동]되', '[형]긴 [형]되'의 형태로도 자주 쓰인다.

10 • [동]자니

〈보기1〉 * 소식을 **듣자니**, 자네가 김 선배 동생이라면서?
         * 내가 **입자니** 좀 작은 것 같고, **버리자니** 무척 아깝네요.

〈보기2〉 가: 어디 외출하려고요?
         나: 네. 이렇게 날씨가 좋은데 집에만 **있자니** 답답하군요.

1. 가: 이제 한국 음식에 좀 익숙해졌나요?
   나: 제가 매운 음식을 싫어하는데 매운 음식을 계속 _____ 정말 힘들군요.

2. 가: 오랫동안 고향에 못 가셨으니 고향 생각 많이 나시겠어요?
   나: 네, 오랫동안 외국에서 _____ 고향의 가족과 친구들 생각이 간절합니다.

3. 가: 한국에서의 유학 생활이 어때요?
   나: 학비는 장학금을 받아 해결했지만, 생활비가 충분하지 않아서 _____ 공부할 시간이 부족하네요.

4. 가: 그런 심한 말을 하고 나니까 기분이 어때요?
   나: 나도 마음에 없는 _____

5. 가: 한국어를 1년만 배우고 대학에 가려고요?
   나: _____

- 의미: ① '[동]려/으려고'는 '의도'에 대한 판단을 나타낸다. 이 경우에는 '[동]려/으려고 하니(까)'로 바꿔 쓸 수 있다. '먹자니'='먹으려고 생각해 보니까'
  ② 앞의 사실이나 행위가 진행된 결과, 뒤의 사실이 나타났음을 의미한다.
  ③ '-자 하니'의 줄임말로 '듣다, 보다'와 함께 쓰여 이야기되고 있는 내용에 대한 근거를 나타낸다.
  ④ 3인칭 화자일 경우에는 '[동]자고 하니(까)'의 뜻으로, 요청에 대한 원인 및 동기의 뜻을 나타낸다.

확인학습 01

1. ( )에 들어갈 알맞은 문법을 고르십시오.

1) 가 : 어쩌죠? 교수님이 지금 자리에 안 계시는데요.
   나 : 정말이에요? 미리 (   )

   ① 연락할 성 싶어요.　　　　　　　② 연락하기 일쑤예요.
   ③ 연락하다시피 했어요.　　　　　④ 연락하고 올 걸 그랬어요.

2) 가 : 사모님, 초대해 주셔서 감사합니다.
   나 : 감사하기는요. 차린 건 별로 없지만 먹고 싶은 만큼 (   ) 드세요.

   ① 맘껏　　　② 마음일진대　　　③ 마음에 따라서　　　④ 마음이라면 몰라도

3) 가 : 어떤 게 요즘 제일 잘나가는 신제품인가요?
   나 : (   ) 요즘엔 LTE 폰이 대세입니다.

   ① 보자니　　　② 보되　　　③ 보자면　　　④ 보다시피

4) 가 : 여긴 교통사고 다발 지역이라는데요?
   나 : 맞아요. 여긴 급커브 길인 데다가 비라도 오면 (   ).

   ① 사고가 날 성 싶어요　　　　　② 사고가 나기 일쑤예요
   ③ 사고가 날 리 만무해요　　　　④ 사고가 날 걸 그랬어요

5) 가 : 그렇게 힘들면 동생한테라도 좀 도와달라고 하지 그래요?
   나 : 내가 비록 (   ) 동생한테는 죽어도 도와 달라는 말을 못 하겠어요.

   ① 힘들면　　　② 힘들망정　　　③ 힘들게끔　　　④ 힘들다기에

2. 문법에 맞게 연결하여 문장을 완성하십시오.

1) 초겨울이라 그런지　　　　　·	· ⓐ 너무 오래 쓰지는 마!
2) 내 동생은 요즘 학원에서 　 영어를 배운답시고　　　　 ·	· ⓑ 여권도 만들어야 하고 준비할 게 너무 많은 　것 같다.
3) 여행을 가자니　　　　　　 ·	· ⓒ 매일 한글 자막도 없는 외국 영화만 봐요.
4) 내 컴퓨터를 쓰긴 쓰되　　 ·	· ⓓ 아침저녁으로 쌀쌀하거니와 바람도 차다
5) 리포트를 오늘까지 끝내자면 ·	· ⓔ 밤을 꼬박 새워야 할 것 같아요.

11 • (아무리) [동]ㄴ/는댔자
  (아무리) [형]댔자

⟨보기1⟩   * 아무리 반대를 **한댔자** 저는 꼭 가수가 될 거예요.
         * 그게 아무리 **비싸댔자** 100만 원이야 하려고?

⟨보기2⟩   가: 그 사람에게 말하면 돈을 빌릴 수 있을까요?
         나: 그 사람은 구두쇠라서 **말해 본댔자** 소용없을 거예요.

1. 가: 사고로 차 뒤 범퍼가 조금 찌그러졌는데 수리비가 얼마나 들까요?
   나: 수리비가 아무리 _____ 10만 원은 안 넘을 거예요.

2. 가: 술이 세다면서요?
   나: 세기는요. _____ 소주 두 잔입니다.

3. 가: 일기예보를 들으니 내일 아주 춥다고 하던데요.
   나: _____ 실내에서 근무하는데 무슨 걱정이겠어요?

4. 가: 벚꽃이 피어 정말 경치가 아름답네요.
   나: 벚꽃이 _____ 일주일이면 끝이에요. 꽃이 금방 져 버리니까요.

5. 가: ○○○ 씨는 아르바이트를 해서 학비를 버니 좋겠어요.
   나: _____

문법 Tip

■ 의미 : 앞의 사실을 인정한다고 해도 기대에 못 미치거나 별것 아님을 나타낸다.

12 • [동/형]아/어/여서야

〈보기1〉
* 가까운 거리에도 택시를 **타서야** 어떻게 운동이 돼요?
* 작심삼일이 **되어서야** 앞으로 무슨 일을 하겠나?

〈보기2〉
가: 그 친구가 많이 아프다는 사실을 언제 알았어?
나: 오늘이 **되어서야** 그 소식을 듣고 놀랐어.

1. 가: 어제 퇴근할 때 이상한 사람이 쫓아왔다면서요?
   나: 네. 집에 _____ 겨우 마음을 놓았어요.

2. 가: 선생님, 제가 지금까지 결석한 시간이 한 50시간쯤 되나요?
   나: 어디 보자, 이렇게 결석이 _____ 어디 수료증이나 받을 수 있겠니? 앞으로 학교 잘 나와라, 알았지?

3. 가: 나는 초콜릿을 지나치게 좋아해서 탈이야.
   나: 그렇게 _____ 어떻게 체중 관리가 제대로 되겠니?

4. 가: 오늘은 좀 춥지만 참고 수업을 해 주세요.
   나: 이렇게 교실이 _____ 학생들이 4시간씩이나 견딜 수 있겠는지요?

5. 가: 저는 성격이 너무 소심해서 하는 일마다 자신감이 없어요.
   나: _____

문법 Tip

- **의미**: 순서와 이유를 나타내는 '[동]아/어/여서'에 강조의 뜻을 더하는 '야'가 붙어 있는 문법
  ① '순서'의 뜻일 경우에는 '[동]ㄴ/은 후에 비로소'의 뜻이다.
  ② '이유'의 뜻일 경우에는 '[동]ㄴ/는다면'의 뜻으로, 앞의 내용이 뒤의 내용처럼 생각하거나 판단하게 된 이유를 나타낸다. 특히 반어적으로 표현하여 앞의 행위가 마음에 들지 않음을 나타낸다.
- 예) 그렇게 **멀어서야** 어떻게 걸어갈 수 있겠니? = 너무 멀어서 걸어갈 수 없다.

13 · [동]ㄹ/을세라

〈보기1〉 * 후배에게 **질세라** 최선을 다했지.
* 땅에 빨래가 **닿을세라** 조심조심 걸어갔어요.

〈보기2〉 가: 동생이 고3이라서 요즘 정신없겠군요.
나: 네. 대학시험에 **떨어질세라** 매일 열심히 공부하고 있어요.

1. 가: 얼마나 춥다고 모자에다가 목도리까지 했어요?
   나: _____ 완전무장하고 왔지요.

2. 가: 저 사람은 뭐가 그리 급하다고 저렇게 헐레벌떡 뛰어갈까요?
   나: _____ 서둘러 가는 거겠지요.

3. 가: 저 부부는 자녀사랑이 정말 특별한 것 같아요.
   나: 그러게 말이에요. 바람이라도 불면 _____ 애지중지하는군요.

4. 가: 고향 부모님께 전화를 자주 하는 편이세요?
   나: 그럼요. 부모님께서 _____ 1주일에 서너 번씩은 하고 있어요.

5. 가: 다니엘 씨는 요즘 한국어 공부를 정말 열심히 하는군요.
   나: 맞아요. _____

문법 Tip

■ 의미 : '[동/형]ㄹ/을까 봐(서)'의 의미

14 • [동/형]거들랑
[명]거/이거들랑

〈보기1〉 * 고향에 **가거들랑** 부모님께 안부 전해 줘.
* **국가대표선수거들랑** 국민들에게 결과로 보답해야 해.

〈보기2〉 가: 엄마, 나 시내에 볼일이 있어 나왔는데 추워 죽겠어.
나: **춥거들랑** 볼일 빨리 보고 들어와라.

1. 가: 그럼, 다음에 또 만나자. 안녕!
   나: 집에 _____ 문자 부탁해. 잘 가!

2. 가: 지금 시간에 선생님께 전화를 드려도 좋을까요?
   나: _____ 내일 하는 게 좋을 것 같아.

3. 가: 김치를 싫어하면 안 먹어도 돼요?
   나: 물론이죠. _____

4. 가: 좋아하는 _____ 데려와 봐.
   나: 아직 없어요. 생기면 데려올게요.

5. 가: _____ 스카이프 영상통화라도 해 보시는 게 어때요?
   나: 저는 한 번도 해 본 적이 없는데 가르쳐 줄 수 있어요?

문법 Tip

- 의미 : ① 뒤 문장의 행위를 하게 되는 조건으로 어떤 행위를 하거나 어떤 상태에 있게 되는 경우를 미리 제시함을 나타낸다.
  ② 앞에서 말하거나 물은 내용에 대해, 말하는 사람이 그 이유나 생각, 사실을 나타낸다.
- 유사 문법 : [동/형]면/으면, [명]면/이면, [동/형]거든, [명]거/이거든
- 〈주의〉 친구나 친한 사이, 아랫사람에게 쓸 수 있다.

15 • [동]ㄴ/는다기에
[형]다기에
[명]라/이라기에

> 〈보기1〉 * 개업식을 **한다기에** 화환을 보냈습니다.
> * 올겨울이 무척 **춥다기에** 털목도리와 털모자를 준비했어.
>
> 〈보기2〉 가: 웬 과일이에요?
> 나: 과일을 **좋아하신다기에** 좀 사 가지고 왔습니다.

1. 가: 우산은 왜 들고 오셨어요?
   나: 일기예보에서 _____ 들고 왔는데 안 오네요.

2. 가: 오늘은 코트를 입고 오셨네요.
   나: _____ 든든하게 입고 왔어요.

3. 가: 그분하고는 잘 아는 사이예요?
   나: 아니요. _____ 반갑게 인사했을 뿐이에요.

4. 가: 왜 그렇게 슬픈 표정을 짓고 있어요?
   나: _____

5. 가: 왜 갑자기 대청소를 한다고들 난리예요?
   나: _____

문법 Tip

■ 의미 : '[동]ㄴ/는다고 하기 때문에, [형]다고 하기 때문에, [명]라/이라고 하기 때문에'의 줄임말이다.

16 • (아무리/비록) [동/형]기로서니
(아무리/비록) [명]기/이기로서니

〈보기1〉 * **비록 친하기로서니,** 통장 비밀번호를 알려 줄 순 없지.
         * **아무리 명품이기로서니** 가격이 터무니없는 것 같아요.

〈보기2〉 가: 선생님, 쉬는 시간에 컵라면 좀 먹으면 안 될까요?
         나: **아무리** 배가 **고프기로서니** 교실에서 먹는 건 좀 곤란하지 않을까? 냄새도 나고…….

1. 가: 좀 더워서 제가 에어컨을 켰어요.
   나: 아무리 _____ 5월에 에어컨을 켜면 어떡해요?

2. 가: 학교 체벌에 대해 어떻게 생각해요?
   나: 아무리 _____ 학생에게도 인격이 있는데 때리는 건 좀 그렇지 않아요? 난 반대예요.

3. 가: 살인자는 무조건 사형에 처해야 한다고 생각해요.
   나: _____ 죄는 미워해도 사람은 미워하지 말라는 말도 있잖아요.

4. 가: 재벌들은 좋겠어요. 쇼핑도 맘대로 할 수 있고…….
   나: 재벌들이 _____ 다 그렇게 돈을 물 쓰듯 하지는 않아요. 부자가 왜 부자겠어요?

5. 가: 난 컴맹이라서 '페이스북'을 어떻게 하는 건지 잘 모르겠어요.
   나: _____

문법 Tip

- 의미 : ① 앞 문장의 사실을 인정하지만 그것이 뒤 문장의 이유나 조건이 될 수 없음을 나타낸다.
         ② '앞의 내용이 그렇다고 하더라도'의 의미를 강조하여 나타낸다.
- 유사 문법: '양보'를 나타내는 표현 '[동/형]ㄹ/을지라도', '[동/형]더라도', '[동]ㄴ/는다고 해도', '[형]다고 해도'

17 • [동]ㅁ/음에 따라(서)

〈보기1〉 * 철이 **듦에 따라서** 부모님의 사랑을 깨닫게 되었어요.
         * 고급반이 **됨에 따라** 아는 어휘도 점점 더 많아졌어.

〈보기2〉 가: 한국 생활이 이제 괜찮아요?
         나: 시간이 **지남에 따라서** 점차 익숙해지고 있어요.

1. 가: 몇 개월 사이에 한국 친구가 많아진 것 같군요.
   나: _____ 친구도 늘게 됐어요.

2. 가: 40대에 언어를 배우기가 만만치 않을 듯싶은데요.
   나: 네. _____ 기억력도 떨어지는 것 같아요.

3. 가: 은정 씨와의 사이가 많이 가까워진 것 같네요.
   나: 만나는 _____ 상대에 대한 신뢰감이 높아져서 그렇지 않을까요?

4. 가: 주말에 야외로 나가는 사람들이 참 많네요.
   나: _____

5. 가: 요즘 대학들이 학생 모집에 어려움이 많대요.
   나: _____

문법 Tip

- 의미 : '-ㅁ/음'은 동사를 명사화한 형태이다. 어떤 상황이나 기준이 점점 변화하는 정도만큼 다른 사실도 조금씩 변화하고 있음을 나타낸다.
- 〈주의〉 '[명]에 따라(서)'는 '[명]마다 (각각 서로) 다른'의 뜻이다.

18 • [동]는 대로

<보기1>   * 사장님이 **시키는 대로** 일을 처리했습니다.
          * 내가 **부르는 대로** 수첩에 받아써.

<보기2>   가: 우리 학과 친구들 연락처 알면 좀 써 줘.
          나: 다는 모르지만 내가 **아는 대로** 써 줄게.

1. 가: 내일 비행기 탑승 시간이 아침 7시인데 어떡하죠?
   나: 공항까지는 머니까 _____ 집을 일찍 나서야 돼요.

2. 가: 언제 또 단수가 될지 모른대요.
   나: 그러니까 물을 _____ 많이 받아 놔야 해.

3. 가: 아이가 게임기를 사 달라고 하도 졸라대서 사 줬지 뭐예요.
   나: _____ 다 사 주면 나중에 감당을 못 하게 돼요.

4. 가: 여기서 시내에 가려면 어떻게 해야 해요?
   나: _____

5. 가: 우리 아들은 용돈을 _____ 다 써 버리는 낭비벽이 있어 걱정이에요.
   나: _____

문법 Tip

- 의미 : ① '앞선 현재 동작이나 상태와 같은 모양으로'의 뜻이다.
           예) 내가 **하는 대로** 잘 따라 해 보세요.
         ② '[동]자마자'의 뜻. 예) 날이 **밝는 대로** 떠나라.
         ③ '앞에 어떤 동작이나 상태가 나타나는 하나하나'의 뜻이다.
           예) 아이가 **달라는 대로** 다 주면 어떡해?
         ④ '할 수 있는 만큼 최대한'의 뜻이다.
           예) 오실 수 **있는 대로** 빨리 오세요.

19 • [동/형]ㄴ/은 나머지

〈보기1〉   * 너무 **고단한 나머지** 세수도 못하고 잤어요.
         * 날씨가 너무 **더운 나머지** 땀이 비 오듯 흐르네요.

〈보기2〉   가: 김 계장이 쓰러졌다고요?
         나: 네. 요즘 며칠간 쉬지 **못한 나머지** 쓰러졌다네요.

1. 가: 그 학생이 영양실조에 걸렸다고요?

   나: 네. 라면만 _____ 그렇게 됐다나 봐요.

2. 가: 아버지는 큰 부자였는데 아들은 왜 저렇게 가난해요?

   나: 아버지가 물려주신 돈을 _____ 재산을 다 탕진하고 말았대요.

3. 가: 저 학생은 김치를 왜 물에 씻고 있죠?

   나: _____ 씻어 먹으려고 그러는 걸 거예요.

4. 가: 사람들이 요즘은 대중교통을 많이 이용한다고 해요.

   나: _____ 어쩔 수 없이 선택한 일이죠.

5. 가: 저 소녀 팬들이 왜 울고 있는 거예요?

   나: 자기들이 좋아하는 가수들을 보고 _____

문법 Tip

■ 의미 : 어떤 행위와 상태가 너무 지나치거나 심각해져서 **부정적인 결과**가 발생했음을 표현한다.

20 • [동/형]기만 하면(야)

<보기1>
* 대학에 **합격하기만 하면** 양복을 한 벌 맞춰 줄게.
* 이번에 나를 **도와주기만 하면** 평생 은인으로 모실게요.

<보기2>
가: 건강을 지키려면 어떻게 하면 좋지요?
나: 규칙적인 생활을 **하기만 하면야** 건강은 걱정 없어요.

1. 가: 어떻게 하면 성공할 수 있을까요?
   나: 목표를 정해 놓고 _____ 성공은 문제없지요.

2. 가: 30대가 되기 전에 큰 부자가 되고 싶은데요.
   나: 투자를 _____ 부자가 못 될 것도 없겠지요.

3. 가: 그 대회에 참석하면 경품을 받을 수 있나요?
   나: 참석자 모두에게 100% 준다고 했으니까 _____ 못 받을 리 없지요.

4. 가: 우리 학과를 졸업하면 취직이 잘될까요?
   나: 워낙 유명한 학과니까 _____ 당연히 취직이 잘되겠지.

5. 가: 토픽 6급을 따기가 어려워요?
   나: _____ 어려울 것도 없지.

문법 Tip

- 의미 : '어떤 행동이나 모습 하나만 그러하다면'을 강조하는 의미이다.

확인학습 02

1. ( )에 들어갈 알맞은 문법을 고르십시오.

1) 가 : 이번에는 수학 경시대회에서 꼭 우승을 해 보고 싶어.
   나 : 그런 식으로 (　　　　) 어디 입상이나 하겠니?
   ① 공부해서야　② 공부한다기에　③ 공부하거들랑　④ 공부하는 가운데

2) 가 : 자, 오늘은 좀 매운 라면이다. 너 라면 좋아한댔지?
   나 : 아무리 내가 라면을 (　　　　) 어떻게 3일째 라면만 끓여 주냐?
   ① 좋아하거들랑　② 좋아하는 대로　③ 좋아 함에 따라　④ 좋아하기로서니

3) 가 : 너무 더워서 숨도 못 쉬겠어요.
   나 : 그래? 그렇게 (　　　　) 샤워라도 좀 하고 오지 그러니?
   ① 덥거들랑　② 덥다기에　③ 덥대서야　④ 더운 나머지

4) 가 : 알람을 왜 이렇게 여러 개 맞춰 놓는 거야?
   나 : 내일 시험 보는 날인데 혹시라도 아침에 늦게 (　　　) 불안해서 그래요.
   ① 일어날세라　② 일어난다기에　③ 일어나는 대로　④ 일어나기만 하면

5) 가 : 올해는 김치를 너무 많이 담그는 거 아니에요?
   나 : 요즘 배추가 무척 (　　　) 많이 담가서 이 집 저 집 좀 나눠주려고 이번엔 무리를 좀 했어요.
   ① 싸댔자　② 싸서야　③ 싸다기에　④ 싼 나머지

2. 문법에 맞게 연결하여 문장을 완성하십시오.

1) 학년이 높아짐에 따라	ⓐ 언제 그랬냐는 듯이 다 나을 테니 걱정 마세요.
2) 아이들은 부모가 하는 대로	ⓑ 따라 하기 마련이에요.
3) 아무리 집 구하기가 어렵댔자	ⓒ 결국 파산해 버렸대요.
4) 그 회사는 너무 많은 돈을 빌린 나머지	ⓓ 설마 나 살 곳 하나 없겠어요?
5) 이 병은 운동을 하기만 하면	ⓔ 성적에 대한 부담이 커지는 것 같아요.

21 • (아무리) [동/형]ㄴ/은들
(아무리) [명]인들

⟨보기1⟩ * **아무리 조른들** 안 된다고 한 결정은 바뀌지 않아!
* **아무리 달인인들** 실수가 없겠어요?

⟨보기2⟩ 가: 세월이 흐르면 그 일이 잊히겠지요?
나: 세월이 **흐른들** 그 일이 잊히겠습니까?

1. 가: 이 문제가 너무 어려운데 민수에게 물어보면 알까?
   나: 민수가 아무리 _____ 이렇게 어려운 문제를 알까?

2. 가: 어머니의 사랑은 바다만큼 깊은 것 같아요.
   나: 바다가 아무리 _____ 어머니 사랑의 깊이에 비할까요?

3. 가: 그 사람은 이 소식을 들어서 알고 있을까?
   나: 아무리 _____ 이 소식은 아직 못 들었을 걸.

4. 가: 한국의 인구가 아주 많지요?
   나: 아무리 _____ 중국의 인구에 비하겠습니까?

5. 가: 서울은 세계적으로도 아주 큰 도시라고 알려져 있는데요.
   나: 서울이 아무리 _____

문법 Tip

- **의미** : 어떤 상황을 가정하여 인정한다고 해도 그 결과로서 기대되는 내용이 예상과 다르거나 부정적임을 나타낸다.
- **유사 문법** : [동/형](ㄴ/는)다고 해도, [명]라/이라고 해도

22 • [동/형]ㄹ/을뿐더러

〈보기1〉 * 재래시장은 값이 **쌀뿐더러** 정도 느낄 수 있어서 좋아요.
* 여기는 물이 **맑을뿐더러** 공기도 좋아서 휴양지로는 최고예요.

〈보기2〉 가: 2NE1은 어떤 가수예요?
나: 의상도 **멋있을뿐더러** 노래도 쿨한 가수예요.

1. 가: ○○○ 씨에 대해 소개해 주시겠어요?
   나: _____

2. 가: 박지성 선수를 잘 아세요?
   나: 물론이죠. 그 선수는 _____

3. 가: 한국 사람에 대한 인상을 말해 보시겠어요?
   나: _____

4. 가: K-POP을 어떻게 생각해요?
   나: _____

5. 가: 여러분이 배우는 한글은 어떤 글자라고 생각해요?
   나: _____

문법 Tip

■ 유사문법 : [동/형]ㄹ/을 뿐만 아니라

23 • (아무리/비록) [동/형]ㄹ/을지라도
(아무리/비록) [명]일지라도

〈보기1〉 * **아무리 바쁠지라도** 밥은 먹고 해야지.
* **비록 사진일지라도** 직접 만난 것처럼 반갑고 좋네요.

〈보기2〉 가: 내일 비가 와도 여행을 떠날 거예요?
나: 비록 **비가 올지라도** 갈 수밖에 없어요. 표를 이미 사 놓았거든요.

1. 가: 금강산은 아주 아름다운 산입니다.
   나: 아무리 금강산이 _____ 제게는 그림의 떡일 뿐이에요.

2. 가: 장애우라고 해서 우리가 차별해서는 안 됩니다.
   나: 맞아요. _____ 우리와 똑같은 생각을 하는 이웃이잖아요.

3. 가: 아무리 얼굴이 _____ 마음씨가 곱지 않으면 오랫동안 행복하게 살기 어려울 거예요.
   나: 왜 아니겠어요? 당연한 얘기죠.

4. 가: 몸이 _____
   나: 네, 잘 알겠습니다. 규칙적으로 운동을 할게요.

5. 가: 그 사람에게 이 문제를 물어보면 알까요?
   나: 아무리 그 사람이 _____

문법 Tip

■ 유사문법 : [동]ㄴ/는다고 해도, [형]다고 해도

24 • [동]는 가운데
[형]ㄴ/은 가운데

〈보기1〉 * 여러 사람들이 **축복하는 가운데** 백년가약을 맺었어요.
* 어려움이 **많은 가운데서도** 큰 성공을 거두었군요!

〈보기2〉 가: 와! 저 선수들 좀 보세요.
나: 대단하네요. 이렇게 **추운 가운데** 운동을 계속하다니요.

1. 가: 내일 무슨 일 있어요?
   나: 네. 모두 _____ 제가 발표를 해야 해요.

2. 가: 민수는 집중력이 아주 뛰어난 것 같아요.
   나: _____ 정말 그러네요.

3. 가: 어제 판촉 활동에 대한 회의 결과가 어떻게 됐어요?
   나: _____

4. 가: 행복이 뭐라고 생각해요?
   나: _____

5. 가: 연극배우로서 뭐가 제일 힘들어요?
   나: _____

문법 Tip

- **의미** : 어떤 행위나 사건을 둘러싼 배경이나 상황이 지속됨을 나타낸다.
- **주의** : '-는 가운데' 뒤에 조사 '-에, -에서, -도, -에서도' 등이 붙어 강조하는 뜻을 나타낸다.
   예) 많은 사람들이 **지켜보는 가운데**에 졸업식이 시작되었다.
   눈이 **오는 가운데도** 우리는 출발했다.
   비가 **오는 가운데에서도** 경기는 계속되었다.

25 · [동]는가 하면

<보기1> * 아기가 자다가 말을 **하는가 하면** 가끔 웃기도 해요.
* 일본 사람이라도 매운 것을 잘 먹는 사람이 **있는가 하면** 못 먹는 사람도 있어요.

<보기2> 가: 시내에 갈 때 뭘 타고 가요?
나: 버스를 타고 갈 때가 **있는가 하면** 지하철을 타고 갈 때도 있어요.

1. 가: 셔틀버스가 항상 정시에 출발하나요?
   나: _____

2. 가: ○○○ 씨는 항상 아침밥을 먹고 학교에 와요?
   나: _____

3. 가: 1월 중에는 강추위가 연일 계속됩니까?
   나: _____

4. 가: 여름휴가 때 한국 사람들은 보통 어디로 피서를 가나요?
   나: _____

5. 가: 직장인들은 보통 한 직장에서 정년퇴직할 때까지 계속 일해요?
   나: _____

문법 Tip

- 의미 : 앞과 뒤의 행동이나 상태가 경우에 따라 서로 다르게 나타나거나 서로 상반된 경우가 있음을 나타낸다.
- 형용사 '있다'와 함께 쓰이는 경우도 있다. 이 경우에는 '–는 사람도 있는가 하면 –는 사람도 있다/많다'의 형태로 많이 쓰인다.
  예) 김치를 **싫어하는 사람도 있는가 하면** 좋아하는 사람도 있다.

26 • [동]ㄴ/는다 치더라도
[형]다 치더라도

⟨보기1⟩ * 이번 실수는 **용서해 준다 치더라도** 또 실수하는 것은 좀 곤란해요.
* 아무리 **힘들다 치더라도** 조금만 더 참고 견디도록 하자.

⟨보기2⟩ 가: 그 일을 포기할 건가요?
나: 사람들이 다 **포기한다 치더라도** 저는 끝까지 할 거예요.

1. 가: 그 일을 계속하면 손해 볼 것 같은데 계속할 거예요?
   나: 비록 _____

2. 가: 모두 그 신붓감이 얼마나 아름다운지 모른대요.
   나: _____ 마음씨는 어떨지 모르죠.

3. 가: 이 상품은 가격이 너무 고가인데요?
   나: _____ 품질이 좋으면 된 것 아니에요?

4. 가: 부부가 서로 멀리 떨어져 있어서 어떡해요?
   나: _____

5. 가: ○○○ 씨, 벌써 6시가 넘었어요. 퇴근 안 해요?
   나: _____

문법 Tip

- 의미 : '어떠하다고 인정한다고 해도' 혹은 '그렇게' 생각하더라도의 뜻이다. 명사와 함께 '[명]라/이라 치더라도'의 형태로 쓰인다.
- 유사 문법 : [동]ㄴ/는다고 해도, [형]다고 해도
  이 책의 91법 문법 '[동]ㄴ/는다손 치더라도', '[형]다손 치더라도' 참조

27 • [동/형]ㄹ/을 성싶다

〈보기1〉 * 어린데도 그렇게 야무지니 앞으로 크게 **될 성싶구나!**
          * 언행이 경박한 것을 보니 사장님께 **혼이 날 성싶어요.**

〈보기2〉 가: 하늘이 갑자기 어두워졌네요.
          나: 비가 곧 **올 성싶군요.** 비 맞으면 안 되니까 어서 서두릅시다.

1. 가: 내일 고속도로 상황이 어떨 것 같습니까?

   나: 주말이어서 _____

2. 가: 오늘 저녁 5시까지는 서류를 완성해 주셔야 되는데요.

   나: _____. 30분만 시간을 더 주세요.

3. 가: 내일 기온은 어떨 것 같아요?

   나: 오늘 비가 왔으니 _____

4. 가: 선생님은 자녀를 교육할 때 어떤 면에 힘을 쏟습니까?

   나: 저는 독서 습관을 _____ 책을 매일 읽어 주고 있어요.

5. 가: 오늘 수업 분위기가 어떨 것 같아요?

   나: _____

문법 Tip

■ 유사 문법: [동/형]ㄹ/을 것 같다, [동/형]ㄹ/을 듯싶다.

28 • [동/형]ㄹ/을 리(가) 만무하다
[명]일 리(가) 만무하다

〈보기1〉　* 주말 아침인데 시내 교통이 **복잡할 리 만무해요.**
　　　　　* 저 가난한 노인이 **기업가일 리 만무해요.**

〈보기2〉　가: 리우밍 씨가 방학이 되어 고향에 돌아갔다지요?
　　　　　나: 계절학기 수업을 듣고 있는데 고향에 **돌아갔을 리 만무해요.**

1. 가: 이번 주 금요일이 개교기념일이라는데 수업이 있어요?
   나: _____

2. 가: 스미와 씨에게 노래방 가자고 하면 같이 갈까요?
   나: _____

3. 가: 내일 눈이 올 거라고 말하면 학생들이 믿을까요?
   나: 아직 10월인데 _____

4. 가: 그 사람은 부자인가요?
   나: _____

5. 가: 그 사람이 정말 사기치고 도망갔을까요?
   나: _____

문법 Tip

- 의미 : 가능성이 전혀 없음을 나타낸다. '[동/형]ㄹ/을 리(가) 전혀 없다', '[명]일 리(가) 전혀 없다'의 의미
- 과거형 : [동/형]았/었/였을 리(가) 만무하다, [명]였/이었을 리(가) 만무하다

29 • [동/형]려/으려니 하다/생각하다

〈보기1〉 * 그녀는 잠꾸러기니까 또 늦잠을 **자려니 생각했어요.**
* 그는 초보자니까 부족한 것이 **많으려니 하고** 이해해 주세요.

〈보기2〉 가: 그 학생도 이번 시험에 합격했겠지요?
나: 열심히 공부한 학생이니 **합격했으려니 생각해요.**

1. 가: 그 친구가 요즘 공부를 안 하고 놀기만 해서 걱정입니다.
   나: _____

2. 가: 혼자서 그 일을 잘해낼 수 있을지 염려가 되네요.
   나: _____

3. 가: 열심히 살다 보면 좋은 날도 오겠지요?
   나: 물론이죠. 열심히 살다 보면 _____

4. 가: 이 친구가 왜 이렇게 늦죠? 벌써 밤 11시인데 말이에요.
   나: _____

5. 가: 외국으로 출장 간 아들한테서 소식이 없어 걱정이에요.
   나: _____

문법 Tip

- 의미 : 어떤 상황에 대해 추측하여 생각함을 나타낸다.
- 유사 문법 : [동/형]ㄹ/을 거라고 여기다(생각하다)

30 • [동/형]게끔

〈보기1〉 * 제가 포기하지 **않게끔** 이끌어주신 분들께 감사드립니다.
* 잊어버리지 **않게끔** 바로 메모를 해두면 좋겠어요.

〈보기2〉 가: 이번 주 뮤직뱅크 보고 싶은데 봐도 돼?
나: 보더라도 다른 사람들이 공부할 수 **있게끔** 이어폰 끼고 조용히 봐.

1. 가: 과장님, 부장님께서 내일 오후에 회의를 하자고 하십니다.
   나: _____ 전체 메일로 전달해 주세요.

2. 가: 몸살이 나서 그런지 몸이 무겁고 힘드네요. 눕고만 싶어요.
   나: _____

3. 가: 다음 주에 큰 태풍이 한반도를 지나간다고 합니다.
   나: 우리 농가들도 _____ 만반의 준비를 해야 해요.

4. 가: 아이가 요즘 체력이 약해진 것 같아요. 아침을 제대로 안 먹어서 그런가 봐요.
   나: _____ 엄마가 신경을 써 주세요.

5. 가: 엄마, 민수가 숙제도 안 하고 밖에서 놀기만 하는데 제가 혼 좀 내 줄까요?
   나: _____

문법 Tip

■ 유사 문법: [동/형]도록

확인학습 03

1. ( )에 들어갈 알맞은 문법을 고르십시오.

1) 아무리 성적이 (　　) 결석이 하루라도 있으면 개근상은 받을 수 없는 거 알지?
   ① 우수한들　　② 우수하거니와　　③ 우수하다기에　　④ 우수한 가운데

2) 우리나라 선수들이 온 국민이 (　　) 금메달을 목에 걸고 당당하게 퍼레이드를 했어요.
   ① 환호하거니와　　② 환호하기로서니　　③ 환호함에 따라　　④ 환호하는 가운데

3) 아파트는 (　　) 편리하기까지 해서 젊은 사람들이 선호한대요.
   ① 안전하되　　② 안전하게끔　　③ 안전할뿐더러　　④ 안전하다 싶으면

4) 가 : 내일까지 제출해야 할 과제가 두 개나 되는데 아직 하나도 끝내지 못해서 어쩌지?
   나 : 너, 진짜 큰일이다. 그룹 과제는 우리 팀원들이 어떻게 (　　) 개인 과제는 어떻게 할래?
   ① 해 보게끔　　② 해 본답시고　　③ 해 볼뿐더러　　④ 해 본다 치더라도

5) 가 : 내일은 날씨가 어떨까? 요즘 일기예보가 가끔 맞지 않을 때가 있어서 말이야.
   나 : 하늘에 별이 많은 걸 보니 비가 (　　).
   ① 올 성싶어　　② 오기 일쑤야　　③ 올 리 만무해　　④ 오는 게 고작이야

2. 문법에 맞게 연결하여 문장을 완성하십시오.

1) 사람의 성격이 제일 중요하다고 생각하는 사람이 있는가 하면 ·	· ⓐ 남을 배려하는 마음도 깊어요.
2) 내가 알아서 공부하려니 하고 ·	· ⓑ 외모만 보는 사람도 있어요.
3) 그 사람은 인사성이 밝을뿐더러 ·	· ⓒ 부장님은 눈 하나 깜짝 안 할 걸요?
4) 결근을 그렇게나 많이 해 놓고 아무리 봐 달라고 한들 ·	· ⓓ 우리 집에서는 내 일에 아무도 간섭을 안 해요.
5) 제가 우수한 성적으로 졸업하게끔 ·	· ⓔ 물심양면으로 도와주신 분들께 깊은 감사를 드립니다.

31 · [동/형]더라도

〈보기1〉 * **바쁘시더라도** 꼭 참석해서 자리를 빛내주시기 바랍니다.
* 시간이 **부족하더라도** 이번 주까지는 마무리하겠습니다.

〈보기2〉 가: 제가 다음에 고객님 댁을 직접 방문하겠습니다.
나: **오시더라도** 미리 연락하고 와 주세요.

1. 가: 이번 주말에는 스키 타러 용평에 갔다 올까 해요.
   나: _____

2. 가: 이 보고서는 다음에 제출하면 안 돼요? 다른 일이 급해서요.
   나: _____

3. 가: 친구가 자꾸 놀러 가자고 하는데 어떡하지?
   나: 모레가 시험이잖아. _____

4. 가: 몇 시까지 공항에 도착해야 하죠?
   나: _____

5. 가: 살을 좀 효과적으로 빼고 싶은데 뭐 주의 사항 같은 것은 없어요?
   나: _____

문법 Tip

- 의미 : 부정적이거나 극단적인 상황 혹은 뒤의 내용을 보장하기 어려운 경우를 가정할 때 쓴다.
- '[동/형]아/어/여도'로 바꿔 쓸 수 있으나 '[동/형]더라도'가 그 뜻이 더 강하다.
- 과거형 : [동/형]았/었/였더라도

32 • [동]ㄹ/을 바에(야/는)

〈보기1〉 * 어차피 해외여행을 **못 갈 바에는** 제주도라도 가세요.
* 수리비가 그렇게 많이 **들 바에야** 아예 새 걸로 구입하자.

〈보기2〉 가: 그 남자와 정말 결혼할 거예요?
나: 그런 남자와 **결혼할 바에야** 결혼 같은 거 안 하고 독신으로 사는 게 낫겠어요.

1. 가: 선생님, 어제는 제가 늦잠 자는 바람에 결석하게 됐어요.
   나: _____ 늦게라도 학교에 오는 게 나아요.

2. 가: ○○○ 씨가 한국 생활에 너무 스트레스를 받아 벌써 1년째 공부도 못 하고 있다던데요.
   나: _____

3. 가: 요즘 일본어를 독학한다면서요? 진척이 좀 있습니까?
   나: 별로 없어요. _____

4. 가: 비싼 명품에 목을 매는 사람들이 있는데 이해가 안 가요.
   나: 맞아요. _____

5. 가: 유럽 배낭여행을 부모님이 극구 반대한다고요?
   나: _____

> **문법 Tip**
> ■ 의미 : '그러한 경우에는'의 뜻으로 앞의 행위를 하는 것보다는 차라리 뒤의 행위를 하는 것이 더 나음을 나타낸다. '[동]ㄹ/을 바에(야/는) 차라리'의 형태로도 쓰인다.
> ■ 유사문법 : [동]느니 차라리

33 • [동/형]다 보면

〈보기1〉 * 너도 자식을 낳아 **기르다 보면** 부모 마음을 알게 될 거야.
* 일이 너무 **바쁘다 보면** 식사도 거를 때가 있습니다

〈보기2〉 가: 언제쯤 김치를 잘 먹을 수 있게 될까요?
나: 싫어도 조금씩 **먹다 보면** 매운 맛에 익숙해질 거예요.

1. 가: 요즘 경리 일을 시작했는데 신경 쓸 일도 많고 힘드네요.
   나: _____

2. 가: 요즘은 바빠서 시간이 어떻게 가는 줄 모르겠어요.
   나: _____

3. 가: 저, 근처에 서점이 있다고 하던데 어딘지 아세요?
   나: 이쪽으로 _____ 왼쪽에 간판이 보일 거예요.

4. 가: 요즘은 한류의 영향으로 한국어 학습자가 많이 늘었다지요?
   나: _____

5. 가: 성공하려면 '확신'이라는 신념이 중요하다고 하던데요.
   나: _____

문법 Tip

- 의미 : 어떤 행동을 계속 하거나 상태가 지속되면 저절로 혹은 자연스럽게 어떤 결과로 나타남을 의미한다.
- '[동/형]다가 보면'의 형태로 쓰이기도 한다.

34 • [동]ㄹ/을라치면

〈보기1〉 * 일하다가 좀 **쉴라치면** 손님이 와서 못 쉬게 돼요.
* 일찍 **퇴근할라치면** 꼭 야근을 하게 돼요.

〈보기2〉 가: 이 밤중에 누가 또 전화했니?
나: 아, 짜증나. 내가 **잘라치면** 꼭 이런 이상한 전화가 와요.

1. 가: 밖에 비가 오는데 지금 빨래하려고요?
   나: 네? 정말이에요? _____

2. 가: 뭘 그렇게 열심히 찾아요?
   나: 지우개요. 그런데 _____

3. 가: 책 읽다 말고 갑자기 어디 가요?
   나: 모처럼 _____

4. 가: 아이고, 차 키를 두고 나오셨군요.
   나: 급하게 _____

5. 가: 마음먹고 _____
   나: 세상만사가 다 그런 것 같아요. 그냥 그러려니 하세요.

문법 Tip

- **의미**: 무슨 일을 하려고 생각하거나 의도할 때 뒤의 상황이 일어나 그 생각대로 할 수 없음을 나타낸다. 주로 '[명]라/이라도 [동]ㄹ/을라치면'의 형태로 자주 쓰인다.
- '[동]려/으려고 하면'으로 바꿔 쓸 수 있는데 '[동]ㄹ/을라치면'은 주로 말할 때 쓴다.

35 • (아무리/비록) [동/형]ㄹ/을지언정
(아무리/비록) [명]일지언정

⟨보기1⟩ * **비록 월세로 살지언정** 차는 좋은 것을 사고 싶어요.
* **아무리 코미디언일지언정** 늘 웃고만 살 수는 없을 거예요.

⟨보기2⟩ 가: 아무리 돈이 **없을지언정** 라면만 먹어서는 안 돼요.
나: 네, 잘 알겠습니다.

1. 가: 이 비밀은 절대로 누설하면 안 돼, 알았지?
   나: _____

2. 가: 저 어머니는 자식 교육에 최선을 다하시는 분이시군요.
   나: 네, 맞아요. _____

3. 가: 저 사람은 극빈 생활을 하면서도 사기 한 번 안 쳤다지요?
   나: 네, _____

4. 가: 한국과 일본 사이에 역사적인 문제가 아직도 남아 있어요.
   나: _____ 아시아의 평화를 위해 언젠가 반드시 해결해야 합니다.

5. 가: 이런 추운 날씨에도 운동선수는 운동 연습을 계속해야 합니까?
   나: 물론이죠. _____

문법 Tip

- **의미**: ① 앞 문장의 사실을 인정하더라도 일반적인 생각과는 달리 뒤 문장에서 어떠하다는 사실을 강조할 때 쓴다.
  ② (동사와 붙어) 앞 문장에서 부정적이거나 극단적인 상황을 가정하여 뒤 문장의 내용을 강조할 때 쓴다.
- **유사 문법**: [명/형]ㄹ/을지라도, [명]일지라도

36 • [동]ㄴ/는다 싶으면
[형]다 싶으면

〈보기1〉   * 신입 사원들이 입사를 **했다 싶으면** 바로 회사를 그만 둬서 속상해요.
          * **재미있다 싶으면** 계속 배워서 자격증을 따 보세요.

〈보기2〉   가: 저 혼자서는 이 일을 못 끝낼 것 같아요.
          나: 일이 **많다 싶으면** 다른 직원한테 도움을 청하세요.

1. 가: 몸이 왜 이렇게 나른한지 모르겠어요.
   나: _____ 커피라도 한 잔 하고 하세요.

2. 가: 목이 좀 아픈 것이 감기가 오려나 봐요.
   나: _____ 인삼차를 마셔 보세요.

3. 가: 이 남자가 좋긴 한데 결혼을 하려고 생각하니 망설여져요.
   나: _____

4. 가: ○○○ 씨는 정말 헌신적인 남편인 것 같습니다.
   나: _____

5. 가: 저 친구는 항상 저렇게 전화에 대고 수다를 떠나요?
   나: _____

문법 Tip

- 의미 : '[동]ㄴ/는다고 생각되면', '[형]다고 생각되면'의 뜻이다. 명사와 함께 '[명]다/이다 싶으면'의 형태로도 쓰인다.
- 과거형: [동/형]았/었/였다 싶으면

37 · [동]아/어/여 보건대

〈보기1〉 * 곰곰이 **생각해 보건대**, 이번 일은 잘 될 거예요.
　　　　 * 이 음악을 **들어 보건대**, 신세대들에게는 인기가 없겠어.

〈보기2〉 　가: 한국어 공부를 해 보니 어때요?
　　　　 　나: 제가 **해 보건대**, 조금 어렵네요.

1. 가: 한국에서 벌써 1년 가까이 생활해 보니 어때요?
   나: _____

2. 가: 제주도 가 봤다지요? 어땠어요?
   나: _____

3. 가: 우리 학교에 다녀 보니까 어떤 것 같아요?
   나: _____

4. 가: 한국 친구들을 사귀어 보니까 어때요?
   나: _____

5. 가: 한국에서 시내버스를 타 보니까 어때요?
   나: _____

문법 Tip

- 의미 : 경험해 보고 나서 판단해 보니까 어떠하다는 것을 나타낸다.
- 유사 문법 : [동]아/어/여 보니까

38 • [동]는 이상
[명]인 이상

<보기1>
* 내가 이 사실을 **안 이상**, 그냥 넘어갈 수는 없어요.
* **수석 입학생인 이상**, 4년 동안 장학금을 받게 될 거예요.

<보기2>
가: 그 일 끝까지 할 거예요?
나: 한번 **시작한 이상** 마무리는 해야지요.

1. 가: 외국인이기 때문에 한국 생활에 불편한 점이 많을 것 같아요.
   나: _____ 어느 정도 불편을 감수해야겠지요.

2. 가: 후배가 한국어 공부에 어려움이 있다던데 안 도와줄 거예요?
   나: 저도 어려울 때 선배한테 _____

3. 가: 학생회장으로 뽑혔는데 앞으로의 다짐을 말해 보세요.
   나: _____

4. 가: 게임에서 지면 한턱낸다고 했지요? 졌으니 한턱내세요.
   나: 걱정 마세요. _____

5. 가: 여러 사람을 살해한 살인범도 그 죄를 용서받을 수 있을까요?
   나: _____

문법 Tip

- **의미**: 앞 내용이 이미 정해진 사실이거나 확실하므로 어떻게 해야 한다거나 어떤 상황임이 당연하다는 의미를 나타낸다.
- **과거형**: [동]ㄴ/은 이상
   예) 한국에 유학 **온 이상** 열심히 공부해야 합니다.
       제가 그렇게 **약속한 이상** 약속은 꼭 지키도록 하겠습니다.

39 • [동]면/으면 몰라도
   [명]라/이라면 몰라도

〈보기1〉 * <u>안 들었으면 몰라도</u> 듣고 나니 기분이 좀 상하네요.
       * <u>아나운서라면 몰라도</u> 그 정도면 발음이 아주 좋습니다.

〈보기2〉 가: 내일 비가 온다던데 축구 연습 있어요?
       나: 네, 폭우가 <u>내리면 몰라도</u> 연습은 합니다.

1. 가: 스즈키 씨가 문화연수를 같이 안 간대요. 설득 좀 해 봐요.
   나: _____

2. 가: 내일 고속도로가 안 막힐까요?
   나: _____ 평일이라면 아마 안 막힐 거예요.

3. 가: 친구와 싸우고서 언제까지 화해 안 할 거야?
   나: 그 녀석이 _____

4. 가: 제가 기숙사 방을 바꾸고 싶은데요, 어떻게 안 될까요?
   나: _____

5. 가: 한국어 고급 과정을 수료하고 나면 대학교 강의를 모두 이해할 수 있어요?
   나: _____

문법 Tip

- **의미** : 현재의 상태와 반대이거나 일어나지 않은 상황 혹은 행위를 가정하여, 그런 조건이 충족되는 경우에만 뒤 문장의 상황이 실현 가능하다는 것을 나타낸다.
- **관용표현** : <u>모르면 몰라도</u> 그 사람은 그 이유를 알 거다.
   (= 100% 그렇다고 확신은 못 하지만)

40 • [동]ㄹ/을 참이었다

<보기1>   * 안 그래도 곧 **출발할 참이었어요.**
         * 이번 설엔 가족 모두 한복을 **입을 참이었어요.**

<보기2>   가: 늦으면 늦는다고 연락을 줬어야죠!
         나: 미안해요. 안 그래도 **연락할 참이었어요.**

1. 가: 늦겠어요. 빨리 출발합시다.

   나: 그렇지 않아도 _____

2. 가: 너무 게임만 하는 거 아니에요?

   나: 안 그래도 눈이 아파서 _____

3. 가: 오늘은 내가 피곤해서 그런데 청소 좀 해 줄 수 있어?

   나: 네가 너무 피곤해 보여서 _____

4. 가: 속보 들었어요? 빨리 TV 한번 켜 봐요.

   나: _____

5. 가: 오늘은 날씨도 안 좋은데 그만 일찍 들어가자.

   나: _____

문법 Tip

- **의미** : 상대방이 기대했거나 요구한 어떤 행동을 지금 하려고 하던 상황이었음을 나타낸다.
- 연결 문장에서 쓰일 경우는 '-려/으려던 참이었는데'의 형태로 주로 쓰인다.
  예) 제가 지금 **전화하려던 참이었는데** 먼저 전화해 주셨군요.

확인학습 04

1. ( )에 들어갈 알맞은 문법을 고르십시오.

1) 정신이 (　　　) 점심을 먹었는지 안 먹었는지 기억이 안 날 때도 있어요.
   ① 없게끔　　② 없다기에　　③ 없다 보면　　④ 없다 싶으면

2) 아무리 (　　　) 교수님 부친상에 조문은 꼭 다녀오세요.
   ① 바쁜 가운데　　② 바쁘더라도　　③ 바쁘다 보면　　④ 바쁘다 싶으면

3) 가 : 한국 남자들은 군대에 꼭 가야 하나요?
   나 : 물론이죠. 한국에서 (　　　) 군대에 가는 건 국민으로서의 의무예요.
   ① 태어난 이상　　② 태어날지언정　　③ 태어날 바에야　　④ 태어나더라도

4) 가 : 부모님께 가끔 연락을 드려야 하는데 일이 너무 많아서 그럴 정신이 없네요.
   나 : 아무리 할 일이 (　　　) 일주일에 한 번 이상은 연락을 드리는 게 예의죠.
   ① 많은지라　　② 많을지언정　　③ 많다 싶으면　　④ 많은 나머지

5) 가 : 지금 집을 나서지 않으면 늦을지도 몰라요.
   나 : 안 그래도 지금 (　　　).
   ① 나갈리 만무해요　　② 나갈 성싶었어요
   ③ 나갈 참이었어요　　④ 나가려니 생각했어요

2. 문법에 맞게 연결하여 문장을 완성하십시오.

1) 그렇게 걱정하면서 놀 바에야	ⓐ 이번 사건은 주변 인물의 짓이 틀림없어요.
2) 내가 공부라도 좀 할라치면	ⓑ 얼른 약부터 드세요.
3) 조금이라도 감기 기운이 느껴진다 싶으면	ⓒ 이상하게 여기저기서 연락이 오는 거예요.
4) 그간 벌어진 일들을 미루어 보건대	ⓓ 이번 학기에 휴강은 절대 없습니다.
5) 중대한 회의 일정이 생기면 몰라도	ⓔ 차라리 할 일부터 해 놓겠어요.

41 • [동]기 십상이다

<보기1>   * 자만하면 실수를 <u>하기 십상이지요.</u>
         * 눈길에 뛰어가면 <u>미끄러지기 십상입니다.</u>

<보기2>   가: 나는 왜 이렇게 게임이 좋은지 모르겠어요.
             밤낮 게임만 하면 좋겠어요.
         나: 그러다간 게임 중독에 <u>걸리기 십상이에요.</u>

1. 가: 요즘 너무 무리를 하는 거 같아요.
   나: 그렇게 무리하다가는 _____

2. 가: 요즘 늦게까지 친구랑 채팅하느라고 잠을 못 자요.
   나: 그렇게 잠을 안 자면 _____

3. 가: 요즘 살이 쪄서 걱정이에요.
   나: 살이 너무 많이 찌면 _____

4. 가: 난 가끔 과속 운전을 즐기는 편이에요.
   나: _____

5. 가: 요즘은 단축 번호가 있어서 전화번호를 외울 필요가 없어요.
   나: 그렇긴 한데 _____

문법 Tip

- 의미 : 앞의 조건에서 뒤의 부정적인 상황이 되기 쉽거나 그렇게 될 가능성이 높음을 나타낸다.
- 유사 문법 : [동]기(가) 쉽다

42 • [동]기 나름이다
[명] 나름이다

> 〈보기1〉　* 직장에서 사랑을 받는 것은 자기가 **하기 나름이에요.**
> 　　　　　* 혈액형과 성격은 관련성이 있다고들 말하지만, **사람 나름이라고 봐요.**
>
> 〈보기2〉　가: 요즘은 운동을 해도 살이 안 빠지네요.
> 　　　　　나: 운동도 **하기 나름이죠**. 꾸준히 하지 않으면 운동도 소용없어요.

1. 가: 인터넷 쇼핑이 제일 편한 것 같아요.
   나: _____. 직접 볼 수 없어서 조심해야 하거든요.

2. 가: 요즘 가수들이 노래를 참 잘하는 것 같지 않아요?
   나: 가수도 _____. 립싱크만 하는 가수도 있는걸요?

3. 가: 부모는 자식을 무조건적으로 사랑하는 것 같아요.
   나: _____. 최근에 엄마가 게임에 빠져서 아기에게 젖조차 안 주고 게임만 하다가 결국 아기가 죽은 일도 있었거든요.

4. 가: 난 친구가 인생에서 가장 중요하다고 생각해요.
   나: _____. 친구라고 다 좋은 친구는 아니에요.

5. 가: 요즘은 스마트폰이 대세래요.
   나: _____.

문법 Tip

- 의미 : 어떤 일이나 행위가 어떻게 하느냐에 따라서 달라질 수 있음을 나타낸다.
- 〈주의〉 '[명] 나름이다'의 형태의 문법은 명사의 됨됨이에 달려 있다는 의미를 강조하는 표현이다.
  　　　책도 **책 나름이지** 그런 책은 너에게 도움이 안 된다.
  　　　직장도 **직장 나름이지** 모든 직장이 다 복지 시설을 갖춰 놓은 것은 아니다.

43 · [동]는지라
[형]ㄴ/은지라
[명]인지라

〈보기1〉 * 오늘 제사가 **있는지라** 저 먼저 퇴근하겠습니다.
* 그는 현명한 **사람인지라** 이 난관에 잘 대처할 겁니다.

〈보기2〉 가: 왜 이렇게 밥도 안 먹고 무리를 하고 그래요?
나: 곧 원고를 **마감해야 하는지라** 밥도 못 먹고 이러고 있네요.

1. 가: 왜 라면을 그렇게 많이 사요?

   나: 동생이 _____ 안 사 놓을 수가 없어서요.

2. 가: 오늘따라 왜 이렇게 일찍 출근을 해요?

   나: 오늘은 _____ 일찍 출근하지 않으면 안 돼요.

3. 가: 한국인들은 김치 없으면 못 산다면서요?

   나: 네, _____

4. 가: 왜 다시 돌아왔어요?

   나: _____

5. 가: 서울에는 왜 이렇게 차도 많고 사람도 많아요?

   나: _____

문법 Tip

- 의미 : 말하려고 하는 것에 대한 이유나 원인이 되는 근거를 전제로 삼아서 말할 때 쓴다.
- 과거형 : [동]ㄴ/은지라, [동]았/었/였는지라, [형]았/었/였는지라, [명]였/이었는지라
- 유사 문법 : '[동/형]므/으므로', '[동/형]기 때문에', '[명]이기 때문에'
- 〈주의〉 동사가 오는 과거 시제의 경우 '[동]ㄴ/은지라'나 '[동]았/었/였는지라' 둘 다 옳다.
    예) 아무 연락도 하지 않고 **온지라** 그 누구도 공항에 마중을 나오지 않았다.(○)
    아무 연락도 하지 않고 **왔는지라** 그 누구도 공항에 마중을 나오지 않았다.(○)

44 • [동/형]건만
[명]이건만

〈보기1〉 * 친형제처럼 <u>**대해 주었건만**</u> 출세를 하더니 모른 척하네.
* <u>**휴일이건만**</u> 회사에 나가서 야근을 해야 하다니…….

〈보기2〉 가: 선생님, 오늘은 영화 보면 안 돼요?
나: 곧 시험이 <u>**다가오건만**</u> 공부는 안 하고 영화나 보자고 하면 어떡해?

1. 가: 기숙사 방 친구가 밤마다 잠도 안 자고 영화만 봐서 걱정이야.
   나: 곧 있으면 _____ 걱정도 안 되나 봐?

2. 가: 지금 산책하러 안 갈래요?
   나: 밤새 _____ 어디를 가겠다는 거예요?

3. 가: 서울로 이사 갈 거예요.
   나: 서울은 _____ 왜 하필 서울이에요?

4. 가: 다음 주에는 설악산으로 겨울 등산을 가려고 해.
   나: _____ 진짜 걱정 된다.

5. 가: 방 친구가 또 결석했어요.
   나: 결석하면 안 된다고 _____

문법 Tip

- 의미: ① 앞 문장의 상황이 이미 어떠하니까 뒷문장의 상황도 이럴 것이라고 기대되지만 그렇지 못함을 나타낸다.
  ② 계획이나 예상 또는 기대가 빗나가거나 달라져서 이루어지지 않은 것에 대한 실망의 느낌을 나타낸다.
- 과거형: [동/형]았/었/였건만, [명]였/이었건만
- '-건마는'의 줄임말이다.
- 유사 문법: [동/형]지만, [명]지/이지만

45 • [동/형]ㄹ/을진대
[명]일진대

〈보기1〉 * 자기 생각이 **있을진대** 좀 더 두고 봅시다.
* 그 사람도 **사람일진대** 은혜를 잊지는 않을 거예요.

〈보기2〉 가: 세상에 믿을 친구가 하나도 없는 것 같아.
나: 나는 너를 **믿을진대** 넌 날 안 믿나 보구나?

1. 가: 쓰레기 분리수거 제도가 잘 안 지켜지는 것 같아요.
   나: 요즘 환경오염 문제가 _____ 왜들 아무데나 쓰레기를 버리는지 모르겠어요.

2. 가: 사람들이 교통 법규를 너무 안 지키는 것 같아요.
   나: 교통 법규를 안 지키면 _____ 왜들 교통 법규를 잘 안 지키는지 모르겠어요.

3. 가: 사람들은 음주 운전이 위험하다는 걸 잘 알면서도 왜 음주 운전을 할까요?
   나: 그걸 _____ 실천하지 못하는게 문제지요.

4. 가: 애완견을 키우기 귀찮다고 일부러 길에 버리는 사람들도 있어요.
   나: 유기견도 _____

5. 가: 대학 등록금이 비싸서 부모들이 고생을 하는데 돈을 흥청망청 물 쓰듯 하는 학생들도 있더라고요.
   나: _____

문법 Tip

- **의미** : ① 어떤 사실을 인정하지만 그것이 다른 사실의 가정적인 조건임을 나타낸다.
  ② 판단의 근거를 나타낸다.
  ③ 설명적인 조건을 나타낸다.
- **유사 문법** : [동/형]건대, [명]이건대 ☞ 이 책 81번 문법 참조

46 • [동/형]랴/으랴마는

<보기1>   * 맑은 하늘에 비가 **오랴마는** 장마철이니까 우산을 한 개 챙겨 가자.
         * 페인트칠한 의자에 **앉으랴마는** 그래도 주의 표시를 붙여 놓는 게 좋겠어.

<보기2>   가: 한민수가 아직도 학교에 안 오는 걸 보니 늦잠이라도 자나 봐.
         나: 설마 아직도 **자랴마는** 혹시 모르니 한번 연락해 보자.

1. 가: 안전벨트만 매면 정말 안전할까요?
   나: 설마 안전벨트를 한다고 해서 _____ 안 하는 것보다는 낫겠죠?

2. 가: 여름에도 감기에 걸리는 사람이 있더라고요.
   나: 한 여름 날씨가 _____ 에어컨 때문에 감기에 걸리는 사람들이 더러 있어요.

3. 가: 다음 달에 또 기름 값이 오른대요.
   나: 유가가 올라봤자 1리터당 1,000원 이상 _____ 얼마가 오르든 서민들의 생활은 더 힘들어지겠네요.

4. 가: 한국어 6급 시험에 떨어질까 봐 걱정이에요.
   나: 실력이 탁월한 샤오룽 씨가 설마 _____ 어쨌든 6급 합격은 어려운 편이니까 최선을 다해 준비하세요.

5. 가: 그 친구가 혼자 서울에 가서 길을 잃고 헤매면 어떻게 하지요?
   나: _____

문법 Tip

- 의미 : '-랴/으랴'는 '-겠는가?'의 의문형으로, '아마 -지 않을 것이다'는 부정적인 추측의 뜻을 나타낸다. '-마는/만'은 '그렇지만'의 뜻이다. 결과적으로 이 문법은 '아마 -지 않을 것이다. 하지만'의 뜻이다.
- 축약형 : [동/형]랴/으랴만

47 • [동/형]다 못해

<보기1> * 그 사람이 **참다 못해** 화를 크게 냈다고 하네요.
* 값이 **싸다 못해** 거의 공짜나 다름이 없어요.

<보기2> 가: 은정이가 다이어트를 심하게 하는 것 같지 않아요?
나: 그래서 **날씬하다 못해** 이젠 젓가락처럼 말라서 보기에도 안쓰러워요.

1. 가: 한국의 여름이 너무 덥죠?
   나: _____ 한낮에는 숨을 쉬기도 어려울 때가 있어요.

2. 가: 특정 가수를 아주 좋아하는 열성팬들이 많은 것 같아요.
   나: 네, 그런데 어떤 사람은 _____ 스토커가 되어서 가수들을 난처하게 하기도 하나 봐요.

3. 가: 스즈키 씨는 한국에서 유학 생활하는 게 정말 좋대요.
   나: 한국 생활이 _____ 졸업 후에는 한국에서 취직도 하고 결혼도 하고 싶다던데요.

4. 가: 친한 줄 알았던 두 사람이 어제 크게 싸웠다지요?
   나: 네, _____.

5. 가: 요즘에는 생활고 때문에 자살하는 사람들이 크게 늘고 있대요.
   나: 맞아요. _____.

문법 Tip

- 의미 : ① 어떤 행동을 더 이상 계속 할 수 없다는 뜻이다.
         ② '정도가 극에 달한 나머지'를 뜻한다.
- '-다가 못해'의 축약형

48 • [동]기에 앞서(서)
[명]에 앞서(서)

〈보기1〉 * 본 **행사에 앞서** 예행연습을 하도록 하겠습니다.
* 유학을 **떠나기에 앞서** 배낭여행을 가보는 게 좋겠다.

〈보기2〉 가: 박사님, 준비하신 논문 발표를 부탁드리겠습니다.
나: 네. 논문 **발표를 하기에 앞서** 먼저 목차를 소개하겠습니다.

1. 가: 선생님, 안녕하세요?

   나: 네, 안녕하세요? _____ 출석을 먼저 부르겠습니다.

2. 가: 여러분! 배고프실 텐데 어서들 드세요.

   나: _____ 다 같이 건배를 하고 식사를 합시다.

3. 가: 선생님, 이가 너무 아파서 왔는데 빨리 치료 좀 해 주세요.

   나: _____ 엑스레이를 찍어 봐야 할 것 같아요.

4. 가: 여보! 당신은 이번 선거에서 어느 후보를 찍을 거예요?

   나: _____ 후보들의 공약을 한번 들어 봐야겠어요.

5. 가: 더운데 빨리 물에 들어가서 수영이나 하자!

   나: _____

문법 Tip

- 의미 : 앞 문장의 행동을 하기 전에 뒤 문장의 행동을 먼저 한다는 의미이다. 그러나 '-기에 앞서'는 단순히 시간의 앞섬만을 나타내는 것이 아니고 어떤 행위를 하기 위한 전제 조건이나 순서, 절차에 있어서 선행되어야 할 것을 의미한다.
- 유사 문법: [동]기 전에
- '-기 전에'는 일상적인 대화에서 자주 쓰이고, '-기에 앞서'는 회의나 연설 등의 공식적인 자리에서 주로 쓰인다.
  예) 나는 밥 **먹기 전에** 물을 꼭 마신다.
  출발하기에 앞서 인원 점검을 하도록 하겠습니다.

49 • [동]ㄹ/을 것까지(야) 없다

<보기1>   * 사과했는데 그렇게 **화를 낼 것까지야 없잖아?**
          * 다이어트라고 해서 온종일 **굶을 것까지야 없지요.**

<보기2>   가: 내가 직접 가서 도와줄게요.
          나: **올 것까지 없어요.** 말씀만으로도 고마워요.

1. 가: 시험을 잘 보고 싶어서 요즘 잠을 안 자고 공부해요.
   나: _____는데……. 너무 무리하지 말아요.

2. 가: 정말 고맙습니다. 덕분에 어려운 문제가 해결되었어요.
   나: 고맙긴요. 그렇게 _____. 당연히 해야 할 일을 한 것뿐인데요, 뭘…….

3. 가: 웨딩 촬영이 있어서 요즘 밥을 안 먹고 다이어트를 하고 있어요.
   나: 너무 욕심 부리지 말아요. 그 정도면 날씬하니까 _____
      _____다고 생각해요.

4. 가: 옆 집 아이가 우리 조카를 때렸다고 해서 내가 혼내주다가 그 애 삼촌하고 싸움이 붙을 뻔했어요.
   나: 그 애를 굳이 _____ 애들 싸움이 어른 싸움이 될 뻔했네요.

5. 가: 아파트 윗집 아이들이 밤마다 뛰고 떠들어서 올라가 한판 붙어야겠어요.
   나: _____

문법 Tip

■ 의미 : ① 그렇게까지 행동할 필요가 없음을 나타낸다.
         ② 상대방의 배려를 정중하게 사양할 때 사용한다.

50 • [동]ㄴ/는다면야
[형]다면야
[명]라/이라면야

⟨보기1⟩ * 네가 **도와준다면야** 나는 천군만마를 얻은 것과 같아.
* 그 일을 맡은 사람이 **당신이라면야** 제가 반대할 이유가 없지요.

⟨보기2⟩ 가: 내일 우리 야영 가는데 같이 안 갈래요?
나: 날씨만 **좋다면야** 당연히 가야죠.

1. 가: 내일 이사 가는데 좀 도와 줄 수 있어?
   나: 네가 _____ 거절할 수가 없지.

2. 가: 이번 주말에 시청 광장에서 한류 콘서트를 한대요. 갈래요?
   나: 한류스타들이 _____ 당연히 가야죠.

3. 가: 선생님, 제가 이번에 졸업을 할 수 있을까요?
   나: 매일 _____

4. 가: 한국 정부가 이번에는 북한에 식량 원조를 해 줄까요?
   나: 핵미사일을 _____ 얼마든지 해 줄 거라고 믿어요.

5. 가: 제 친구 마사코도 그 모임에 데려가고 싶은데요.
   나: _____

문법 Tip

- 의미 : '앞의 사실이 이루어지는 조건 하에서는'의 뜻이다.
- ⟨주의⟩ ① 단순 '조건', '가정'의 뜻인 '-다면'은 뒤의 내용에 다양한 선택의 뜻이 올 수 있다.
  예) 네가 **도와준다면** 거절하겠다./고마워하겠다.……
  ② '[동/형](ㄴ/는)다면야'는 당연히 '[동/형]ㄹ/을 수밖에 없다'는 뜻으로, 그것 외에 다른 선택을 할 수 없음을 강조한다.
- '[명]만 [동]는다면야'의 형태로 많이 쓰인다.

확인학습 05

1. ( )에 들어갈 알맞은 문법을 고르십시오.

1) 이번 행사를 (　　　　) 먼저 내외 귀빈들을 소개해 드리겠습니다.
   ① 시작한 이상　② 시작할라치면　③ 시작하기에 앞서　④ 시작하면 몰라도

2) 신발 사러 같이 가자고 이렇게까지 (　　　　) 같이 가 줘야겠지?
   ① 부탁하다 못해　② 부탁을 하거들랑　③ 부탁을 한다면야　④ 부탁을 하다 보면

3) 가 : 요즘은 하의 실종 패션이 대세래요.
   나 : 그런데 이런 날씨에도 그렇게 입고 다니다가는 (　　　　).
   ① 감기에 걸릴 리 만무해요　② 감기에 걸리기 십상이에요
   ③ 감기에 걸릴 턱이 없어요　④ 감기에 걸리는 게 고작이에요

4) 가 : 나는 왜 공부를 해도 실력이 안 느는 것 같죠?
   나 : 공부도 (　　　　). 요령 있게 해야 효과가 있거든요.
   ① 할 성싶었어요　② 할 걸 그랬어요　③ 하기 나름이에요　④ 하는 게 고작이에요

5) 가 : 내일 내가 공항에 마중 나갈게요. 거기서 만나요.
   나 : 나도 혼자 갈 수 있어요. 일부러 공항에 (　　　　).
   ① 나올 참이었어요　② 나오느니만 못해요
   ③ 나올 것까지 없어요　④ 나오는 게 고작이에요

2. 문법에 맞게 연결하여 문장을 완성하십시오.

1) 동생이 아직은 미성년자인지라	ⓐ 출입이 제한된 곳이 많네요.
2) 어린 동생이 아르바이트해서 벌면 얼마나 벌랴마는	ⓑ 아예 팬클럽 회원으로 가입을 해 버렸어요.
3) 제 동생은 수험생이건만	ⓒ 할 것 다 하고 공부는 언제 하는지 모르겠어요.
4) 살인을 저지르는 사람도 사람일진대	ⓓ 저렇게 해 보겠다고 하니 한번 시켜 봐.
5) 그 가수가 너무 좋아서 참다 못해	ⓔ 피도 눈물도 없나 봐요.

51 · [동/형]ㄹ/을 대로 [동/형]아/어/여/서

〈보기1〉   * 어제는 **지칠 대로 지쳐서** 몸이 완전히 파김치가 된 느낌이었어요.
　　　　 * 이 세탁기는 **낡을 대로 낡아서** 더 이상 수리해서 사용할 수 없습니다.

〈보기2〉   가: 그토록 절친했던 두 사람이 요즘엔 서먹서먹한 것 같아요.
　　　　 나: 맞아요. 서로에게 감정이 **상할 대로 상해서** 눈인사조차 하지 않아요.

1. 가: 요즘에는 왜 컴퓨터 게임을 하지 않아요?
   나: 너무 많이 했더니 _____ 컴퓨터를 쳐다보기도 싫어요.

2. 가: 노래 연습을 많이 하더니 목이 많이 쉬었군요.
   나: 말도 마세요. 목이 _____ 말조차 하기 어려워요.

3. 가: 왜 갑자기 뜬금없이 여행을 간다고 난리예요?
   나: 그동안 각종 업무에 _____ 재충전이 절실했거든요.

4. 가: 국가가 지속적으로 발전하려면 무엇보다도 정치인들이 깨끗해야 해요.
   나: 물론이죠. 정치판이 _____ 더러워지면 희망이 없어요.

5. 가: 평소에 건강에 관한 한 자부심이 대단했던 철수 씨가 왜 입원했어요?
   나: 그러게 말이에요. 위암이 _____ 입원할 수밖에 없었대요.

문법 Tip

- **의미**: 어떤 상태나 정도가 너무 심해져서 '더 이상 심해질 수 없을 만큼 심각함'의 뜻을 나타낸다. 따라서 '더러워지다, 피곤하다, 곪다, 깨지다, 썩다, 시달리다, 괴롭히다 ……'처럼 부정적인 상황이나 정도를 강조하는 뜻으로만 쓴다.
- **〈주의〉** 다만, 일부의 경우에 다음과 같이 '그 시점이 매우 적절한 시기'임을 나타내기도 한다.
  예) 과일이 **익을 대로 익어서** 지금 수확하지 않으면 안 돼요.
  　　주식의 가격이 **떨어질 대로 떨어져서** 매수하기엔 지금이 최적기예요.

52 • [명]로/으로써
[동]ㅁ/음으로써

<보기1>　　* 오늘 **만남으로써** 두 대학 간에 자매결연이 맺어졌네요.
　　　　　* 이번 **전시회를 개최함으로써** 화가로 데뷔를 하게 되었습니다.

<보기2>　　가: 부부싸움은 오해에서 비롯되는 것 같아요.
　　　　　나: 오해는 **대화로써** 반드시 그때그때 풀어야 한다고 생각해요.

1. 가: 이 차는 맛과 향이 독특한데 어떻게 이런 맛을 낼 수 있죠?
   나: _____ 이렇게 독특한 맛과 향을 낼 수 있어요.

2. 가: 정말 그 사람이 범인이래요?
   나: 네, 그 동안 _____ 그가 범인임을 충분히 알 수 있대요.

3. 가: 민수가 아직도 사법고시를 포기 못 했다면서요?
   나: 네, 작년에도 떨어졌는데 _____ 다섯 번째 도전하는 건데 합격하겠다는 의지가 참 대단해요.

4. 가: 벌써 할 말을 다 한 거예요?
   나: 네, _____ 제 발표를 모두 마치도록 하겠습니다.

5. 가: 이번 학기도 오늘이 마지막이네요.
   나: 그러게요, _____ 한 학기가 다 끝난 거네요.

문법 Tip

■ 의미 : ① (도구) '[명]을 가지고', '[명]에 의하여'
　　　　② (수단) '[명]로/으로'
　　　　③ '[명]을/를 바탕으로 해서'
　　　　④ '지금까지 말한 내용이나 일어난 일을 끝으로 해서'
　　　　⑤ [시간 명사]와 함께 쓰여, '그 시간을 포함해서 말하면'

53 • [명]라/이라고는

<보기1> * 그 가게에 갔을 때 **서비스라고는** 전혀 없어서 첫인상이 좋지 않았어요.
* 제 사회 **경험이라고는** 아르바이트가 전부입니다.

<보기2> 가: 가기 전에 나 좀 만나고 갈 수 있어?
나: 미안, 남은 **시간이라고는** 5분밖에 없어서…….

1. 가: 오늘도 결석 없지요?
   나: 네, 우리 반 학생들은 _____ 모르는 친구들뿐이라서요.

2. 가: 지하철 막말녀에 대해 들어 본 적이 있어요?
   나: 네, 그 여자는 _____ 눈 씻고 찾아봐도 없더라고요.

3. 가: 이렇게 쌀쌀한 날씨에 그렇게 반팔 옷을 입고 있으면 어떡해?
   나: 난 원래 _____ 모르고 사는 사람이라서 괜찮아.

4. 가: 미안한데 나 3만 원만 빌려 줄 수 있어?
   나: 어쩌나, _____ 천 원밖에 없는데…….

5. 가: 민수 동생이 어제 교통사고로 세상을 떴대요.
   나: _____

문법 Tip

■ 의미 : ① 부정의 뜻을 가지는 말이 뒤에 붙어서 '전혀', '오직 −밖에 없다'는 의미의 부정적 인식을 나타낸다.
② 최소한의 조건에 붙어서 '−라/이라고 할 수 있는 것은 오직'이라는 뜻을 나타낸다.
③ 부정적인 상황을 인식할 때 쓰는 표현이므로 긍정적인 상황에서는 쓸 수 없다.
친구라고는 너밖에 없다. (O)
친구라고는 여러 명이 있다. (X)

54 • [명/부]나/이나마

<보기1> * 적은 **돈이나마** 제 마음으로 받아 주시기 바랍니다.
* **한 끼나마** 먹을 수 있어서 행복한 사람들도 많아요.

<보기2> 가: 미안해요. 빌려 줄 돈이 만 원밖에 없네요.
나: 아니에요. **만 원이나마** 빌릴 수 있어서 다행이에요.

1. 가: 어떡해요? 가족이라고는 어머니 한 분뿐이셨는데…….
   나: 그래도 이렇게 어려울 때 찾아와 주는 _____ 있어서 정말 다행이에요.

2. 가: 타향살이가 힘들죠?
   나: 그렇긴 해도 _____ 가족의 목소리를 들을 수 있어서 조금은 위로가 돼요.

3. 가: 늦어서 죄송합니다.
   나: 좀 늦긴 했지만 _____ 와서 다행이에요.

4. 가: 바쁘신데 이렇게 와 주셔서 감사합니다.
   나: 별말씀을요. 큰 위로는 안 되겠지만 저희의 정성이 _____ 위로가 되면 좋겠습니다.

5. 가: 언제 이 일을 다 끝내고 자니?
   나: 조금만 서두르면 _____ 눈은 붙일 수 있을 거야.

문법 Tip

- 의미 : ① 매우 만족스러운 것은 아니지만 다른 선택의 여지가 없어서 아쉽지만 아쉬운 대로 만족해야 할 때 쓴다.
  ② 최선이 아닌 차선임을 나타낸다.
- 유사 문법 : '[명/부]라/이라도', '[명/부]일지라도'

55. [명]로/으로 말미암아

<보기1> * 친구의 따뜻한 **배려로 말미암아** 큰 힘을 얻게 되었습니다.
         * **한국 유학생활의 어려움으로 말미암아** 가족의 사랑을 절실히 깨달았어요.

<보기2> 가: 이번에 태국에 피해가 컸다고 하죠?
         나: 네, **홍수로 말미암아** 비 피해가 대단했대요.

1. 가: 요즘 대학 졸업을 앞둔 학생들의 고민이 보통이 아니래요.
   나: 맞아요. _____ 4학년들이 휴학을 하거나 대학원 진학을 고민하는 사람들도 많대요.

2. 가: 북한은 왜 해마다 식량 원조를 요청해요?
   나: 여러 가지 이유가 있지만, 낙후된 농업기술이나 기상이변이나 _____ 해마다 식량이 부족해서 그렇대요.

3. 가: 그 친구는 왜 이번에 수료증을 못 받았대요?
   나: _____ 수료증을 받을 수 없다고 하네요.

4. 가: 특히 근래에 가뭄이나 홍수나 폭설 같은 자연 재해가 자주 발생하는 것 같지 않아요?
   나: 그래요. _____ 그런 현상들이 자주 발생하는 거래요.

5. 가: '지구촌'이라는 말이 요즘은 정말 실감이 나요.
   나: 그래요. _____ 지구 반대편 소식도 바로 바로 알 수 있잖아요.

문법 Tip

■ 의미 : 어떤 현상이나 사물 등이 원인이나 계기가 되었음을 나타낸다.

56 · [동]는 양
[형]ㄴ/은 양
[명]인 양

〈보기1〉 * **자는 양** 누워 있지 말고 어서 일어나서 밥 먹어.
* 자기가 가장 능력 있는 **사람인 양** 자랑만 하는 사람은 정말 싫어요.

〈보기2〉 가: 아직 합격 발표 안 났죠?
나: 네, 그런데 애들은 벌써 합격이라도 **한 양** 홀가분해 하네요.

1. 가: 민수가 맞선을 봤다면서요?
   나: 네, 그런데 벌써 _____ 여기저기 자랑하고 다녀요.

2. 가: 종민 씨는 연세가 드신 어른들만 봐도 눈물이 난대요.
   나: 어르신들이 _____ 생각되어서 그렇대요.

3. 가: 은정이는 거울보기가 취미인가 봐요.
   나: 맞아요. 자기가 _____ 하루에도 몇 번씩 거울을 보더라고요.

4. 가: 도밍고가 아파서 학교에 안 왔다면서요?
   나: 에이, 아니에요. _____ 기숙사에서 누워 있는 것뿐이에요.

5. 가: 민수가 과대표예요?
   나: 아니요, _____

문법 Tip

- **의미**: ① 어떤 모양을 하고 있거나 어떤 행동을 짐짓 취함을 나타내는 말이다.
  ② 거짓으로 그런 것처럼 꾸밈을 나타낸다.
- **과거형**: [동]ㄴ/은 양, [형]았/었/였던 양, [명]였/이었던 양

57 • [동]는 동시에
[명]인 동시에

<보기1>   * 학생들을 <u>가르치는 동시에</u> 배우는 것도 참 많아요.
          * <u>**정치가인 동시에**</u> 주부로서 바쁘게 살아가고 있습니다.

<보기2>   가: 오늘 학교에 안 늦었어?
          나: 응, 내가 교실에 **도착하는 동시에** 선생님이 들어오셨거든.

1. 가: 이구동성이 뭐예요?
   나: 아, 그건 내가 _____ 다른 사람도 나와 똑같은 말을 하는 거예요.

2. 가: 어제 왜 지하철에서 사고가 났대요?
   나: 퇴근시간에 지하철 문이 _____ 타고 내리는 사람들이 뒤엉켜서 그랬대요.

3. 가: 그분은 어떤 일을 하십니까?
   나: 그분은 아주 작은 회사 사장님이라서 사장 일을 _____
       엔지니어의 일도 하고 있어요.

4. 가: 그녀는 직장에서는 능력 있는 여성으로 두터운 신임을 얻고 있는데 가정에서는 어떤
       분입니까?
   나: 그녀는 가정에서도 100점 여성입니다. 자녀들에게는 자상한 _____
       부모님께는 매우 효성스러운 딸이기 때문이에요.

5. 가: 어제 친구에게서 뭘 배웠어요?
   나: 동영상을 _____ 편집할 수 있는 프로그램을 배웠어요.

문법 Tip

■ 의미 : ① 동사와 함께 써서, '어떤 행동과 함께'의 뜻을 나타낸다.
         ② 명사와 함께 써서, '어떤 사실을 겸함'의 뜻을 나타낸다.

58 • [동]려/으려는 차에
[동]려/으려는 차이다

<보기1> * 불을 끄고 **자려는 차에** 전화가 와서 일어났어요.
         * 올해부터 홈페이지를 만들어서 사업을 **하려는 차예요.**

<보기2> 가: 그 친구가 언제 왔어요?
         나: 우리가 기다리다가 **출발하려는 차에** 도착했어요.

1. 가: 아기 목욕은 언제 시킬 거예요?
   나: 목욕시키려고 _____ 마침 아기가 깨서 벌써 목욕을 시켜 줬어요.

2. 가: 비가 온다는 일기예보가 있었는데 우산을 안 가지고 가면 어떡하니?
   나: 다들 우산을 들고 가기에 저도 _____

3. 가: 얼른 자! 웬 통화가 그렇게 길어! 내일 학교 늦으면 어떡하려고?
   나: 네, _____

4. 가: 주말에 여행 잘 다녀왔어요?
   나: 네, 그런데 너무 피곤해서 정거장을 지나칠 뻔 했어요. 기차가 _____
   깨서 다행히 제때에 내렸어요.

5. 가: 우리 내일 영화 보러 안 갈래?
   나: 나에게 공짜표가 생겨서 안 그래도 _____

문법 Tip

- 의미 : '무엇을 하려고 하는 기회나 때에'의 뜻이다.
- 유사 문법 : '[동]려/으려는 참에', '[동]려/으려던 참에'

59 • [동/형]ㅁ/음에도 (불구하고)
[명]임에도 (불구하고)

〈보기1〉 * 그렇게 불조심을 <u>강조했음에도 불구하고</u> 산불이 났어요.
* 그 여자는 <u>임산부임에도 불구하고</u> 하이힐을 신고 다녀요.

〈보기2〉 가: 어제 산에서 인명 피해가 있었대요.
나: 네, 폭설이 <u>내림에도 불구하고</u> 등산을 하러 간 사람이 있었다고 하네요.

1. 가: 왜 이렇게 화가 나서 돌아왔니?
   나: 친구가 _____ 연락도 없이 안 오잖아요.

2. 가: 1억을 대학에 기부한 할머니 얘기 들었어요?
   나: 네, 할머니도 _____ 파지를 팔아서 모은 돈을 몽땅 기부했대요.

3. 가: 저 여자 가수가 지금 고등학생이라고요?
   나: 네. _____ 현재 가수 활동을 하고 있어요.

4. 가: 난 위험을 무릅쓰고 절벽을 오르는 사람들을 이해할 수 없어.
   나: 그 사람들은 _____ 스릴을 즐기는 사람들이라서 그래.

5. 가: 이번 한국어 경연대회에 참가할 거예요?
   나: 네, 하지만 _____

문법 Tip

- 의미 : '무엇에 얽매이거나 거리끼지 않고'의 뜻이다.
- '불구하고'가 생략된 채로 쓰이기도 한다.
- 과거형 : [동/형]았/었/였음에도 불구하고

60 • [명]로/으로 하여금

〈보기1〉 * 봉사활동은 **봉사자로 하여금** 보람을 느끼게 하는 좋은 기회입니다.
* **신입생으로 하여금** 자긍심을 가질 수 있게 합시다.

〈보기2〉 가: 내일 일찍 오라고 공지했죠?
나: 네, **학생들로 하여금** 8시 반까지 오게 했어요.

1. 가: 부모님이 여행을 가셨는데 누가 동생들 밥을 차려 줘요?
   나: 부모님이 _____ 동생들을 돌보도록 하셨어요.

2. 가: 이번에 남북회담의 안건이 뭐였어요?
   나: _____ 핵을 포기하게 하는 거였어요.

3. 가: 새로 부임한 야구 감독님이 좀 무섭죠?
   나: 네, 좀 그런 것 같아요. _____ 매일 새벽 5시까지 운동장에 모이도록 하더라고요.

4. 가: '혼자서도 잘해요'라는 프로그램 알아요?
   나: 물론이죠. _____ 부모의 도움 없이 혼자서 생활에 필요한 좋은 습관을 기르게 하는 프로그램이에요.

5. 가: 선생님께서 무엇을 하라고 지시하셨어요?
   나: _____ 말하기 연습을 하도록 시키셨어요.

문법 Tip

■ 의미 : '다른 사람을 시켜서 무엇을 하게 함'을 나타낸다.

확인학습

1. ( )에 들어갈 알맞은 문법을 고르십시오.

1) 최근 생필품 가격이 (　　　　) 생활하기가 만만치 않아요.
   ① 오른 양　　② 오르건만　　③ 오른다면야　　④ 오를 대로 올라서

2) 밤에 잠도 못 잘 만큼 (　　　　) 그는 늘 새벽기도회에 나간다.
   ① 바쁜 양　　　　　　　　② 바쁘다 못해
   ③ 바쁘려니 하고　　　　　④ 바쁨에도 불구하고

3) 부모가 있는 여성이 결혼해서 자녀를 낳으면 (　　　　) 엄마가 된다.
   ① 딸인 양　　② 딸이라고는　　③ 딸로 하여금　　④ 딸인 동시에

4) 가 : 집에 학생이 몇 명이나 돼요?
   나 : (　　　　) 다 졸업하고 나 하나 남았어요.
   ① 학생이라고는　　　　　② 학생인 동시에
   ③ 학생으로 하여금　　　④ 학생으로 말미암아

5) 가 : 민수가 은정이의 과제를 베낀 걸 어떻게 아셨어요?
   나 : 서론과 결론이 같은 게 이상해서 두 과제를 (　　　) 베꼈다는 걸 확신할 수 있었지.
   ① 비교해 보나마나　　　② 비교해 보려는 차에
   ③ 비교해 봄으로써　　　④ 비교해 보기에 앞서

2. 문법에 맞게 연결하여 문장을 완성하십시오.

1) 저의 노력이 조금이나마	ⓐ 전화가 와서 약속이 취소되었음을 알았어요.
2) 민수는 수업 내용을 다 아는 양	ⓑ 피해자는 지울 수 없는 큰 상처를 입었다.
3) 맞벌이 부부인 아빠 엄마는 형으로 하여금	ⓒ 보탬이 된다니 정말 다행이에요.
4) 운전자의 부주의로 말미암아	ⓓ 늘 잘난 척을 해요.
5) 내가 집을 나서려는 차에	ⓔ 아이들을 돌보게 했대요.

61 • [명1] 못지않게 [명2]도

<보기1>　　* <u>이상 못지않게 현실도</u> 중요합니다.
　　　　　　* <u>회사 대표 못지않게 근로자들도</u> 회사를 사랑해요.

<보기2>　　가: 동생도 키가 커요?
　　　　　　나: 네, <u>저 못지않게 제 동생도</u> 큰 편이에요.

1. 가: 부산에도 인구가 많아요?
   나: 물론이죠. _____

2. 가: 동생이 그렇게 그림을 잘 그린다면서요?
   나: 네, _____

3. 가: 어떤 계절을 좋아해요?
   나: 저는 _____

4. 가: 직업을 고를 때 뭐가 제일 중요할까요?
   나: 글쎄요. 저는 _____

5. 가: 한국과 일본(중국)의 차이점(공통점)이 뭐라고 생각해요?
   나: _____

■ 의미 : 앞의 [명1]의 정도나 수준에 뒤지지 않게 뒤의 [명2]가 어떠함을 나타낸다.

62 • [동]ㄴ/는다 한들
[형]다 한들

〈보기1〉 * 아무리 위로를 **한다 한들** 어찌 아픔이 사라지겠어요?
* 호텔이 아무리 **좋다 한들** 가족이 있는 집만 못해요.

〈보기2〉 가: 매끼 굶으면 살이 좀 빠질까요?
나: **굶는다 한들** 야식을 먹는데 살이 빠지겠어요?

1. 가: 짝사랑은 정말 슬픈 것 같아요.
   나: 맞아요. 한 사람이 _____ 상대방은 알아주지도 않으니까 말이에요.

2. 가: '양치기 소년'이라는 이야기 알아요?
   나: 물론이죠. 거짓말을 잘하는 아이가 진짜 늑대가 나타나서 사실을 말했는데, _____ 아무도 안 믿어 줬다는 이야기잖아요.

3. 가: 너도 사람을 사귈 때 마음씨보다도 겉모습을 더 중요시하는 편이니?
   나: 글쎄, _____ 성격이 좋지 않으면 결국 사귀다가 헤어지게 되지 않을까?

4. 가: 10시 비행기인데 지금 택시를 타고 가면 탑승할 수 있을까요?
   나: 벌써 _____ 탑승하기 힘들 거야.

5. 자녀를 낳았다고 해서 모든 부모가 훌륭한 부모가 되는 것은 아니다. _____
   _____

문법 Tip

- 의미 : 앞 문장의 [동] 또는 [형]를 이유로 해도 뒤 문장과는 상관이 없음을 나타낸다.
- 유사 문법 : [동]ㄴ/는다고 해도, [형]다고 해도

63 • [동/형]건 (간에)

<보기1> * **누가 대통령을 하건 간에** 크게 달라지는 것은 없어요.
* **어디에서 살건 간에** 가족 간의 믿음이 제일 중요해요.

<보기2> 가: 그렇게 하면 안 돼.
나: 내가 **어떻게 하건 간에** 간섭 좀 하지 마!

1. 가: 컴퓨터 게임에 빠진 젊은 20대 엄마가 며칠 동안 아기에게 우유 주는 걸 잊어서 아기가 굶어 죽은 사건이 있었어요.
   나: 아기가 _____ 엄마의 관심은 오로지 게임뿐이었군요. 그게 바로 게임 중독이라는 거예요.

2. 가: 내일 학교에 일찍 가려면 게임 그만 하고 자는 게 어때?
   나: 내가 _____ 모르는 척 좀 해 줄래?

3. 가: 뱀은 개구리를 먹고, 개구리는 파리를 먹고, 그럼 파리는?
   나: _____ 난 그런 것에 관심 없어.

4. 가: 어떻게 하면 제가 이번에 발표회에서 잘할 수 있을까요?
   나: 잘할 수 있는 정도가 아니라 아주 실력이 좋으니까 _____ 상 하나 정도는 탈 거라고 믿어요.

5. 가: 이번엔 어느 분께서 과장님으로 오실까요?
   나: _____

문법 Tip

- 의미 : ① '무엇', '어디', '누구', '언제', '어떻게', '얼마나', '어떤+명사', '어느+명사' 등과 함께 쓰여 어떠한 경우도 상관이 없음을 나타낸다.
  ② 특히 앞뒤로 상반된 어휘를 써서 '그것과 상관없이'의 뜻을 강조하기도 한다. 다만, '명사'의 경우, '[명]건/이건 [명]건/이건 (간에)'의 형태로 쓰인다.
  예) 이번 문화연수는 **좋건 싫건 간에** 모두 참석해야 한다.
  빵이건 피자건 간에 당장 먹을 것이 필요하다.
- '-건'은 '-거나'의 줄임말이다.
- 유사문법 : '[동/형]든지 [동/형]지 않든지'

64. [동]ㄴ/는다기보다(는)
[형]다기보다(는)
[명]라/이라기보다(는)

<보기1>
* 책을 <u>읽는다기보다</u> 그냥 앉아만 있는 것 같아요.
* 나라가 <u>크다기보다는</u> 나라의 위상이 높다고 생각합니다.

<보기2>
가: 너, 그 사람을 좋아하는구나?
나: 에이, **좋아한다기보다** 관심이 좀 있는 거야.

1. 가: 한국 음식을 잘 드시나 봐요.
   나: _____ 학교 식당에서 한국 음식만 주니까 할 수 없이 먹는 거예요.

2. 가: 선생님하고 아주 가까운 사이인가 봐요.
   나: _____ 부모님 같으신 분이에요.

3. 가: 현재 하시는 일에 아주 만족해하시는 것 같네요.
   나: 저는 제 직업이 _____ 취미라고 생각하고 일을 하는 편이에요.

4. 가: 왜 저렇게 밥을 급하게 먹지?
   나: 쟤는 _____ 밥을 입에 들이붓는 것 같아.

5. 가: 민수가 반장이라서 그런지 공부를 잘하나 봐요.
   나: _____

문법 Tip

- 의미 : '[동/형](ㄴ/는)다고 말하느니 차라리 뒤의 내용으로 표현하는 게 더 나음'의 뜻이다.
- 과거형 : [동/형]았/었/였다기보다, [명]였/이었다기보다

65 · [동]는 둥 마는 둥 하다

<보기1>
* 저 학생은 선생님의 설명을 <u>듣는 둥 마는 둥</u> 해요.
* 세수를 <u>하는 둥 마는 둥</u> 하고 학교에 갔어요.

<보기2>
가: 바빠서 입맛이 별로 없네요.
나: 그렇다고 그렇게 <u>먹는 둥 마는 둥</u> 하면 안 돼.

1. 가: 너무 긴장하면 잠이 잘 안 오지?
   나 : 응. 어제 너무 긴장해서 _____

2. 가: 어제 민수 할아버지께서 돌아가셨다면서?
   나: 응. 그래서 민수가 _____

3. 가: 주말에 친구들이랑 영화 재미있게 잘 봤니?
   나: 아뇨, 영화가 _____

4. 가: 어제 네 방 청소도 깨끗하게 하고 빨래도 다 해 놓았지?
   나: 죄송해요. 빨래는 다 했지만 바빠서 _____

5. 가: 어제 특별 강연 잘 들었습니까?
   나: _____

■ 의미 : 무슨 일을 하는 듯도 하고 하지 않는 듯도 해서 별로 열심히 하지 않음을 나타내는 말이다.

66 • [동/형]ㄹ/을 법도 하다

〈보기1〉 * 좋은 상품이니 날개 돋친 듯 **팔릴 법도 하네요.**
* 그 사람은 노래를 잘 부르고 춤도 잘 추니 여자들에게 인기가 **많을 법도 합니다.**

〈보기2〉 가: 우리 아이는 벌써 대소변을 가려요.
나: 3살이니까 이젠 **가릴 법도 하죠.**

1. 가: 요즘 우리 아이가 잠을 너무 많이 자요.
   나: 한창 크는 나이라서 _____

2. 가: 특히 어제, 오늘은 정말 피곤하네요.
   나: 그렇게 일주일이나 야근을 했으니 _____

3. 가: 저곳은 교통사고가 많이 나는 곳이라고 해요.
   나: 저렇게 차들이 과속으로 달리니 _____

4. 가: 이번에 일등을 해서 정말 좋아요. 장학금도 받고…….
   나: _____

5. 가: 옆집 아저씨가 암에 걸렸대요.
   나: _____

문법 Tip

■ 의미 : ① 어떤 상황이나 사실에 대해서 말하는 사람이 생각해 보니 그럴 만하거나 그럴 만한 이유가 있어 보인다는 뜻이다.
② 어떤 일이 일어날 만한 가능성이 있는 일임을 나타낸다.

67 • [동/형]겠거니 하다
[명]이겠거니 하다

〈보기1〉　* 아이들이 한 번쯤 거짓말을 **하겠거니 하세요.**
　　　　 　* 이번에도 달리기에서 그가 **1등이겠거니** 생각했어요.

〈보기2〉　가: 왜 이렇게 춥게 입고 왔어요?
　　　　 　나: 초여름이라 좀 **덥겠거니 하고** 이렇게 입었는데 아직은 꽤 쌀쌀하네요.

1. 가: 내일도 비가 오겠죠?
   나: 장마철이라 _____ 우산을 챙기세요.

2. 가: 정말 남북통일이 이루어질까요?
   나: _____ 믿으세요.

3. 가: 이번 시험은 어렵겠죠?
   나: _____ 열심히 공부하세요.

4. 가: 도밍고가 아직도 안 오네요.
   나: _____ 조금만 더 기다려 봐요.

5. 가: 이번에는 보너스가 좀 나올까요?
   나: _____

문법 Tip

- 의미 : '미루어 짐작함'을 뜻한다. 마음속으로 혼자 '(아마) [동/형]ㄹ/을 수도 있을 것이다'라고 추측하며 생각함을 나타낸다.
- 유사문법 : [동/형]려/으려니 하다(생각하다, 싶다)

68 • [동]느니만 못하다

〈보기1〉 * 오래된 음식은 차라리 **안 먹느니만 못해요.**
* 성형수술을 **안 하느니만 못하게** 되었군요.

〈보기2〉 가: 어제는 민수가 마지막 시간에 왔대요.
나: 그렇게 늦게 온다면 차라리 **안 오느니만 못해요.**

1. 가: 어제 너무 많이 먹어서 탈이 났어요.
   나: 과식하는 것은 _____

2. 가: 친구 것을 좀 베껴서 냈다가 교수님께 들켜 버렸어요.
   나: 리포트를 _____

3. 가: 저 친구는 학교에 와서 잠만 자는 것 같아요.
   나: _____

4. 가: 제 친구는 유학을 와서 늘 결석만 하는 거 있죠?
   나: _____

5. 가: 볼 만한 영화가 없으니까 지난번에 봤던 영화라도 다시 볼래?
   나: _____

문법 Tip

- 의미 : 차라리 앞의 상황이나 행위가 더 나음을 강조하여 나타내는 말이다.
- '[동]는 게 더 낫다'로 바꿔 쓸 수 있다.
    예) 거기에 **안 가느니만 못 했어요.** = 거기에 **안 가는 게 나았어요.**

69 • [동]는 게 고작이다

〈보기1〉 * 청소를 해도 겨우 제 방만 **청소하는 게 고작이에요.**
         * 너무 바빠서 이틀 동안 2시간 **잔 게 고작입니다.**

〈보기2〉 가: 아프다더니 밥은 좀 먹었어?
         나: 목이 아파서 물 **마신 게 고작이었어.**

1. 가: 요즘 경기가 매우 나쁘죠?
   나: 네. 장사가 안 돼서 하루 평균 3~4만 원어치 _____

2. 가: 저 여가수는 어쩌면 저렇게 몸매가 예쁠까?
   나: 다이어트 때문에 _____

3. 가: 이곳에서 장사를 하면 어떨까요?
   나: 이곳은 너무 외진 곳이어서 _____

4. 가: 새로 전학 온 저 친구 잘 알아요?
   나: 잘 알기는요. _____

5. 가: 매일 2~3시간씩 예습과 복습을 열심히 하고 있어요?
   나: _____

문법 Tip

- **의미**: 아무리 좋고 크게 평가하려 해도 별것 아님을 나타낸다.
- **유사 문법**: '고작 [명]뿐이다', '고작 [명]밖에 없다', '고작 [명]밖에 못 [동]'
  예) 그 사람이 낳은 자식은 **고작 하나뿐이다.**
      그 사람이 낳은 자식은 **고작 하나밖에 없다.**
      그 사람은 자식을 **고작 하나밖에 못 낳았다.**
- **과거형**: [동]ㄴ/은 게 고작이다.
  예) 아침부터 지금까지 커피 한 잔 **마신 게 고작이라서** 배고프다.

70 • [동]겠다니

<보기1> * 다음 시험에는 꼭 6급을 **따겠다니** 지켜볼게.
 * **자수성가하겠다니** 우리는 뒤에서 기도나 해 줍시다.

<보기2> 가: 저 아이의 말을 믿을 수 있을까?
 나: 다시는 **안 때리겠다니** 한번 믿어 보자.

1. 가: 선생님, 저는 오늘부터 열심히 공부하겠습니다.
   나: _____ 기특하구나.

2. 가: 제가 한번 해결 방법을 찾아보겠습니다.
   나: _____ 찾으면 연락 주세요.

3. 가: 우리 딸은 요리를 잘 못하니까 기대는 하지 마세요.
   나: _____ 한번 해 보라고 하세요. 먹어 보고 맛이 없으면 시켜 먹으면 되죠.

4. 가: 여보! 아들이 재수를 해서라도 원하는 학과에 지원하겠다네요.
   나: 그래요? _____ 한 번만 더 기회를 줍시다.

5. 가: 열흘 동안 어떻게 5kg을 빼겠대요?
   나: _____

- 의미 : '–겠다고 하니까'의 줄임말이다.

확인학습

1. ( )에 들어갈 알맞은 문법을 고르십시오.

1) 사랑에 눈이 멀면 아무리 ( ) 그 누구의 말도 들리지 않는대요.
   ① 말리거늘   ② 말리는 판에   ③ 말린다 한들   ④ 말리는 듯해도

2) 그렇게 게임만 하니 엄마가 ( ).
   ① 화낼 법도 해요   ② 화내는 게 고작이에요
   ③ 화내느니만 못해요   ④ 화를 내는 둥 마는 둥 해요

3) 가 : 아이가 그렇게 공부를 잘한다면서요?
   나 : 우리 애가 공부를 ( ) 남들보다 열심히 하는 것뿐이에요.
   ① 잘하는 양   ② 잘하겠다니   ③ 잘한다기보다   ④ 잘하는 것 못지않게

4) 가 : 다시는 지각 안 하겠다는 그 말을 또 믿어요?
   나 : 이번에는 그 약속을 꼭 ( ) 한 번 더 기회를 주려고요.
   ① 지킴으로써   ② 지키겠다니   ③ 지킨다 한들   ④ 지키기에 앞서

5) 가 : 하루 독서량이 얼마나 돼요?
   나 : 신문을 ( ).
   ① 읽겠거니 해요   ② 읽는 게 고작이에요   ③ 읽느니만 못해요   ④ 읽는 둥 마는 둥 해요

2. 문법에 맞게 연결하여 문장을 완성하십시오.

1) 우리 오빠는 바이올린 못지않게	ⓐ 그가 한 말에 대해서는 신경도 쓰지 마세요.
2) 은정이의 마음이 딴 데 가 있어서	ⓑ 피아노도 잘 쳐요.
3) 그 일을 어떻게 하건 간에	ⓒ 공부를 하는 둥 마는 둥 하고 있네요.
4) 한 번쯤 약속을 잘 지킬 법도 한데	ⓓ 그는 항상 30분씩 늦네요.
5) 그 사람은 원래 그런 사람이겠거니 하고	ⓔ 제시간 안에만 끝내 주세요.

71 · [동/형]련/으련마는

<보기1> * 한 번쯤 연락을 **하련마는** 어찌 그리 무심한지?
        * 아이가 이제 **피곤하련마는** 쉴 생각을 안 하네요.

<보기2> 가: 이렇게 비가 오는데 내일 여행을 갈 수 있겠어?
        나: 비가 그만 오면 **좋으련마는** 계속 오네요.

1. 가: 저는 아무리 글을 잘 쓰고 싶어도 그게 잘 안 돼요.
   나: 매일 일기라도 쓰면 _____ 그렇게 하지 않으면서 좋은 결과만 기대하니 실력이 안 늘지요.

2. 가: 바람이 심하게 불어서 체감 온도가 낮은 것 같아요.
   나: 바람만 좀 안 불면 _____ 오늘도 바람이 심하네요.

3. 가: 누가 우리 어학원 수료식 소감을 발표하면 좋을까요?
   나: 리우칭 씨가 _____ 극구 사양을 하네요.

4. 가: 추워! 추워! 너무 추워요.
   나: 이렇게 추울 때에는 _____

5. 가: 요즘 같은 불경기에 어떻게 지내요?
   나: _____

문법 Tip

- 의미 : 어떤 조건이 충족되면 이러이러한 결과가 기대되는데, 아쉽게도 그 조건이 충족되지 못하여 기대하는 결과도 이루어질 수 없음을 나타낸다.
- '[동/형]겠건마는'보다 더 예스러운 말이다.

72 • [동]건 말건

〈보기1〉 * 제 말을 **따르건 말건** 그건 여러분의 자유입니다.
* 상대가 이야기를 **듣건 말건** 혼자서 말하고 있네요.

〈보기2〉 가: 민수는 수업시간에 저렇게 늘 졸기만 해요.
나: 그래서 이젠 **졸건 말건** 아무도 관심이 없군요.

1. 가: 애들이 요즘 반찬투정이 더 심해졌어요.
   나: _____ 그냥 내버려 두세요. 시장이 반찬이라잖아요.

2. 가: 창피하게 그렇게 옷을 입으면 어떡해요?
   나: 몰라요. 너무 더워서 _____ 그냥 나 편한 대로 입을래요.

3. 가: 게임에 중독된 학생들은 부모에게도 책임이 있어요. 그렇죠?
   나: 당연하죠. 근데 글쎄, 어떤 부모는 자기 자녀가 _____
   자기가 좋아하는 거 하는 건데 무슨 문제냐고 하더라고요.

4. 가: 너무 늦어서 버스가 끊길까 봐 빨리 귀가하라고 했더니 싫대요.
   나: 어린 애들도 아닌데 _____ 상관하지 마세요. 이제는
   어엿한 대학생이니까 알아서들 귀가하겠죠.

5. 가: 무책임한 정치인은 어떤 사람일까요?
   나: _____ 당파 싸움이나 하는 사람들이 아닐까요?

문법 Tip

- **의미**: 실제로 일어날 수 있는 여러 가지 중에서 앞의 행동을 해도 안 해도 뒤 절의 내용이 성립하는 데 아무런 상관이 없음을 나타낸다.
- '–거나 말거나'의 준말이다. '[동]건 안 [동]건'의 형태로 쓰이기도 한다.
- **유사 문법** : [동]든지 말든지

73 • [동/형]기만 하다

〈보기1〉 * 요즘 우리 아이가 공부는 안 하고 **놀기만 해요.**
* 그 학생의 한국어 실력이 갑자기 좋아져서 **놀랍기만 해요.**

〈보기2〉 가: 요즘 취직이 잘 안 된다는데 걱정입니다.
나: 그렇지만 공부를 열심히 **하기만 하면** 취직은 문제없습니다.

1. 가: 아이가 왜 울고 있죠?
   나: 그러게요. 물어봐도 대답은 안 하고 _____아/어/여서 저도 답답해요.

2. 가: 하시는 일은 잘되고 있나요?
   나: 잘되기는요, 일이 꼬여 _____

3. 가: 면접관의 질문에 잘 대답했니?
   나: 잘 대답하기는요, 질문 내용이 너무 어려워서 _____

4. 가: 교실이 시끄럽지 않던가요?
   나: 시끄럽기는요, _____

5. 가: 부모님께 바라는 것이 있으면 한 가지씩만 말해 보세요.
   나: _____

문법 Tip

- **의미**: ① 동사에 쓰여 다른 행동을 하지 않고 오로지 한 가지 행동만 함을 나타낸다.
  ② 형용사에 쓰여 다른 말이나 상황에 영향을 받지 않고 또는 그것에 관계없이 어떤 상태가 지속됨을 나타낸다.
- 〈주의〉 '았/었/였'이나 '겠' 등과 같이 쓸 수 없다.

74 • [동/형]ㄹ/을 턱이 있다/없다

〈보기1〉   * 복권에 당첨이 **될 턱이 있겠어요?**
         * 그 불효자가 부모의 좋은 점을 **닮았을 턱이 없어요.**

〈보기2〉   가: 오늘도 민수는 지각이에요?
         나: 선생님, 민수가 일찍 **올 턱이 있겠어요?**

1. 가: 무슨 일인데 수미가 그렇게 슬프게 울어요?
   나: 입을 꽉 다물고 있으니 우리도 _____

2. 가: 앞으로 물가가 좀 내릴까?
   나: 유가가 올랐는데 _____

3. 가: 믿는 도끼에 발등 찍힌다고 하더니 친구에게 속았다면서요?
   나: 누가 그래요? 내가 믿는 친구가 나를 _____

4. 가: 영화사에서 일하더니 눈만 높아졌나 봐요. 선보는 여자마다 다 싫대요.
   나: 늘 미모의 여배우들만 상대하는데 _____

5. 가: 편식이 심해서 그런지 제 동생은 몸이 무척 약해요.
   나: _____

문법 Tip

- 의미 : 마땅히 그렇게 해야 할 까닭이나 이치가 없다.
- 유사 문법 : [동/형]ㄹ/을 리가 있다/없다
- 〈주의〉 '[동/형]ㄹ/을 턱이 **있다**'의 형태로 쓰일 경우, '있다'는 의문문의 형태로 끝나지만 의미는 '-ㄹ/을 턱이 없다'는 뜻이다.
    예) 그 사람이 지각할 턱이 **있겠어요?** = 그 사람이 지각할 턱이 **없어요.**

75 • [형]기(가) 이를 데(가) 없다

〈보기1〉   * 태풍으로 인한 피해가 **심하기가 이를 데가 없어요.**
　　　　 * 젊은 사람이라 역시 힘이 **세기가 이를 데 없네요.**

〈보기2〉   가: 흥부 놀부 이야기의 흥부는 어떤 사람이에요?
　　　　 나: **착하기가 이를 데 없는** 사람이죠.

1. 가: 전주에서 전통 한식 먹어 봤어요?
   나: 네, 반찬이 얼마나 많은지 그 종류가 _____

2. 가: 이번 시험 어땠어?
   나: 말도 마. _____

3. 가: 목적지까지 쉽게 찾아 갔어요?
   나: 쉽기는요. 길이 _____

4. 가: 아침에 일찍 일어나서 조깅을 좀 하니 기분이 어때?
   나: _____

5. 가: 요즘 신혼 재미가 어때요?
   나: _____

문법 Tip

- 의미 : ① 정도가 굉장하여 이루 다 말할 수 없다.
　　　　② 생각 따위가 아주 옳거나 마땅하여 더 말할 필요가 없다.
- 유사문법 : [형]기(가) 짝이 없다.

76 • [동]는 한편
[형]ㄴ/은 한편

〈보기1〉 * 저는 아트공예를 **취미로 하는 한편** 사업으로도 하고 있어요.
* 이번 시장은 **성격이 좋은 한편** 능력도 있다고 합니다.

〈보기2〉 가: 예술에 소질이 많다면서 어떤 일을 하고 있어요?
나: 네. 저는 출판사에서 그림을 **그리는 한편** 음악 카페에서 노래도 부르고 있어요.

1. 가: '투잡'(Two Job)이라는 말이 무슨 말이야?
   나: 직장이 있어서 _____

2. 가: 민수 씨는 자기 관리를 참 잘하는 것 같아요.
   나: 맞아. 공부를 _____니까/으니까 말이야.

3. 가: 체첸 씨는 부모님께 자주 연락을 한다면서요?
   나: 네, 부모님께 매일 _____

4. 가: 요즘 생활이 많이 어렵죠?
   나: _____

5. 가: 애완동물을 그렇게 좋아한다면서요?
   나: _____

문법 Tip

■ 의미 : 두 가지 상황을 말할 경우, 한 상황을 말한 다음에 다른 상황을 말할 때 쓰는 말이다.

77 • [동]는 탓에
[형]ㄴ/은 탓에

〈보기1〉 * 매일 자동차로 **출근하는 탓에** 운동 부족으로 건강이 나빠졌어요.
* 스트레스가 **많은 탓에** 병을 얻은 것 같아요.

〈보기2〉 가: 왜 어제는 연락을 안 했어요?
나: 핸드폰이 **고장 난 탓에** 연락을 못 했네요.

1. 가: 왜 이렇게 못 먹어요?
   나: 요즘 위가 _____ 뭘 먹기가 겁이 나서요.

2. 가: 숙제를 못 했군요.
   나: 죄송합니다. 친구가 갑자기 _____ 숙제할 겨를이 없었습니다.

3. 가: 어제 고속도로에서 10중 추돌사고가 났대요.
   나: 눈이 많이 와서 _____

4. 가: 이산가족은 왜 생긴 거예요?
   나: 1950년에 _____

5. 가: 요즘 철민 씨 얼굴이 야위었어요.
   나: _____

문법 Tip

- 의미 : 부정적 현상이나 결과에 대한 원인이나 이유를 나타낸다.
- 과거형 : [동]ㄴ/은 탓에, [형]았/었/였던 탓에
- 〈비교〉 '[동/형]기 때문에'는 긍정적 이유나 원인, 부정적 이유나 원인에 두루 쓰인다.
- 종종 '[명] 탓이다'의 형태로도 쓰인다.
  예) 내가 어젯밤에 잠을 잘 못 잔 것은 친구의 코 고는 **소리 탓이었다.**

78 • [동]고 나니(까)

〈보기1〉 * 제가 **경험해 보고 나니까** 얼마나 힘든지 알겠어요.
* 한바탕 **웃고 나니까** 스트레스가 사라진 것 같아요.

〈보기2〉 가: 선생님, 저거 무지개 아니에요?
나: 맞아요. 비가 **오고 나니까** 무지개가 떴네요.

1. 가: 축하해요. 한국어능력시험 6급에 합격한 기분이 어때요?
   나: _____ 날아갈 것 같아요.

2. 가: 왜 이렇게 우울해 보여요?
   나: 동고동락하던 친구가 _____ 섭섭해서요.

3. 가: 고향이 많이 그립죠?
   나: 네, 고향에 있을 땐 몰랐는데 _____
   고향 생각이 많이 나네요.

4. 가: 정들었던 친구들과 _____ 어때요?
   나: 친구들을 자주 못 볼 거라고 생각하니까 눈물이 나요.

5. 가: 득녀 소식 들었어요. 아빠/엄마가 된 거 축하해요.
   나: _____

- 의미 : 어떤 행위가 일어나기 전에는 미처 몰랐는데 행위를 한 후에 그 결과로 뒤에 오는 내용을 새삼 깨닫게 됨을 나타낸다.

79. [동/형]므/으므로
[명]이므로

<보기1>
* 요즘 통 운동을 **하지 않으므로** 건강이 나빠졌다.
* **기밀자료이므로** 보관을 철저히 해야겠습니다.

<보기2> 내일의 일기예보입니다. 내일은 황사가 **심하므로** 가능한 한 야외 활동이나 외출을 삼가는 것이 좋겠습니다.

1. 저 공격 선수는 매우 _____ 수비할 때 조심할 필요가 있다.

2. 우유 가격이 모두 _____ 그걸 재료로 쓰는 모든 제품 가격이 덩달아 같이 오르는 것은 당연하다.

3. 영수 씨는 _____ 무슨 일을 하든 반드시 성공할 거라고 그의 친구들은 믿고 있다.

4. 그녀는 재능이 뛰어날 뿐만 아니라 다정다감하고 마음씨도 _____ 많은 사람들에게 인기가 있는 게 아닐까 싶다.

5. 능력과 재능이 있다고 해서 반드시 성공하는 것은 _____ 자만하지 말고 매사에 최선을 다할 필요가 있다.

문법 Tip

- 의미 : 까닭이나 근거를 나타내는 '[동/형]기 때문에'의 뜻이다.
- 유사 문법 : [동/형]기 때문에, [명]이기 때문에
- <주의> 이 문법과 유사한 형태인 '[동/형]ㅁ/음으로(써)'는 '[동]는 것으로(써)'란 수단 또는 방법의 의미를 나타낸다.
  '[동/형]ㅁ/음으로'는 '-써'를 붙여, '한 살을 더 **먹음으로써** 서른이 되었다.'처럼 '[동/형]ㅁ/음으로써'로 쓰는 것이 가능하다. 그러나 '[동/형]므로/으므로'에 '-써'를 붙여 '[동/형]므로써/으므로써'로 쓸 수 없다.

80 · [명]이니만큼
[동/형]니/으니만큼

⟨보기1⟩ * **학기말이니만큼** 유종의 미를 거둘 수 있도록 하세요.
　　　　* 건강이 **중요하니만큼** 소식과 운동을 생활화합시다.

⟨보기2⟩ 가: 선생님, 그럼 전 이만 가보겠습니다. 안녕히 계세요.
　　　　나: 그래. 요즘 독감이 **유행하니만큼** 독감에 걸리지 않도록 조심해야 한다.

1. 가: 제가 벌써 내년이면 졸업을 하네요.
   나: _____ 취업에 더 많은 노력을 기울이세요.

2. 가: 저는 이번 대회에 나갈 자신이 없습니다.
   나: 친구들이 모두 너를 _____ 용기를 한번 내 봐.

3. 가: 저는 눈이 높아서 그런지 아무나 만나는 게 쉽지 않네요.
   나: 이제 곧 _____ 눈을 좀 낮추고 주위를 한번 둘러보세요.

4. 가: 수미 씨는 주변에 좋은 친구들이 많지요?
   나: 네, _____ 많은 친구들이 수미 씨와 사귀고 싶어 해요.

5. 가: 혹시 그 사람을 경계하는 이유가 있나요?
   나: _____

문법 Tip

- 의미 : 앞말이 뒷말의 원인이나 근거가 됨을 나타낸다.
- 유사 문법 : [명]이니만치, [동/형]니/으니만치

확인학습

1. ( )에 들어갈 알맞은 문법을 고르십시오.

1) 그는 능력이 (   ) 인품도 훌륭한 사람이에요.
   ① 있으므로　　② 있건 말건　　③ 있는 한편　　④ 있으니만큼

2) 밤하늘에 무수히 많은 별들을 보니 내일은 (   ).
   ① 비가 올 성싶어요　　　　　　② 비가 오기만 하겠네요
   ③ 비가 올 턱이 없겠어요　　　　④ 비가 오는 게 고작이겠어요

3) 가 : 아직도 일이 안 끝났어요?
   나 : 그러게요. 이쯤 하고 끝내면 (   ) 아직도 끝이 안 보이네요.
   ① 좋은 한편　　② 좋으므로　　③ 좋으련마는　　④ 좋으니만큼

4) 가 : 음주 운전을 하는 사람들은 무슨 생각으로 그러는 걸까?
   나 : 그런 사람들은 다른 사람들에게 (   ) 자기 편한 것만 생각하는 이기주의자들인 것 같아.
   ① 피해를 주건 말건　② 피해를 주니만큼　③ 피해를 주는 한편　④ 피해를 주고 나니

5) 가 : 아기가 엄마를 닮아서 무척 예쁘네요.
   나 : 맞아요. 배우인 엄마를 닮아서 (   )
   ① 예쁘기만 해요.　② 예쁠 턱이 없어요.　③ 예쁠 리 만무해요.　④ 예쁘기가 이를 데 없어요.

2. 문법에 맞게 연결하여 문장을 완성하십시오.

1) 날씨가 흐리고 안개가 낀 탓에 ·	· ⓐ 이제 자기가 할 일은 스스로 알아서 하면 좋겠구나.
2) 밥을 먹고 나니까 ·	· ⓑ 노약자나 어린이들은 각별히 주의하시기 바랍니다.
3) 내 동생은 게을러서 설거지는 하지 않고 ·	· ⓒ 고속도로에서 교통사고가 많이 발생했다.
4) 내일은 심한 황사가 예상되므로 ·	· ⓓ 차려주는 음식을 먹기만 한다.
5) 나이가 나이니만큼 ·	· ⓔ 이젠 졸리네요.

81 · [동]건대

〈보기1〉 * 제가 **보건대** 곧 세계경제가 활성화될 것입니다.
* **단언하건대** 윷놀이대회에서 우리 팀이 우승할 거예요.

〈보기2〉 가: 이 일을 어떻게 처리하면 좋을까요?
나: 제가 **생각하건대** 빨리 회의를 열어 의견을 모으는 게 급할 것 같아요.

1. 가: 어느 반이 이번 노래자랑대회에서 일등 할 것 같아요?
   나: _____

2. 가: 미국과 중국의 관계가 어떻게 될 것으로 봅니까?
   나: _____

3. 가: 그 모임에 꼭 참석해야 하나요?
   나: _____

4. 가: 경기 회복에 대한 전망을 어떻게 보십니까?
   나: _____

5. 가: 엄마, 오늘 학교에서 친구하고 싸워서 선생님한테 혼났어요.
   나: _____

문법 Tip

- **의미**: ① 주로 동사 '생각하다, 추측하다, 보다, 짐작하다, 확신하다'와 함께 쓰여, 뒤 문장의 내용이 말하는 사람 자신의 생각이나 견해임을 나타낸다. 때로는 '생각컨대, 추측컨대, 확신컨대'처럼 줄임 꼴로 자주 사용되기도 한다.
  ② '바라다, 부탁하다, 기대하다' 등과 같이 쓰여, 말하는 사람이 뒤의 내용을 바라거나 부탁함을 나타낸다.
  예) 선생님이 **부탁하건대** 내일 지각하는 사람이 없도록 하세요.
  바라건대 이번 모임에 꼭 참석해 주세요.

82 • [명]다/이다마는
[동/형](ㄴ/는)다마는

〈보기1〉 * **임시직이다마는** 한번 열심히 해 봐!
　　　　 * 아이디어는 **괜찮다마는** 과연 소비자의 반응이 어떨지?

〈보기2〉 가: 이렇게 해야 되는 것 아니에요?
　　　　 나: 그렇게 하는 것도 좋은 **일이다마는** 이렇게 해도 괜찮아.

1. 가: 겨울인데 왜 이렇게 안 춥죠?
　 나: _____ 지구온난화로 날씨가 이상해져서 그래.

2. 가: 이 컴퓨터 아직도 쓸 수 있어요? 너무 오래 된 것 같아요.
　 나: _____

3. 가: 엄마, 오늘 학교에서 발표가 있는데 이 빨간 옷 어울려요?
　 나: _____

4. 가: 선생님, 우리 학교에는 다양한 국적의 학생들이 모여 있다면서요?
　 나: _____

5. 가: 우리 학교에서 일본어를 제일 잘하는 선생님이 누구죠?
　 나: _____

문법 Tip

■ 의미 : 어떤 사실이나 내용을 인정하면서 그에 반대되는 내용을 덧붙여 말할 때 쓴다.

83 · [명]라/이라든가
[동]ㄴ/는다든가

〈보기1〉　* 요즘 **장기 기증이라든가 헌혈이라든가** 하는 기부문화가 확산되고 있습니다.
　　　　　* 비가 **온다든가** 바람이 **분다든가** 하면 야유회는 취소를 해야겠어요.

〈보기2〉　가: 잠자기 전에 먹는 야식으로 뭐가 좋지요?
　　　　　나: **과일이라든가** 야채 주스 같은 게 좋다고 해요.

1. 가: 어떤 운동을 좋아하세요?
   나: _____

2. 가: 심심할 때는 보통 뭘 해요?
   나: _____

3. 가: '한국' 하면 뭐가 떠오르나요?
   나: _____

4. 가: 세계적으로 유명한 스포츠 선수로는 어떤 사람이 있어요?
   나: _____

5. 가: 스트레스를 받았을 때는 보통 어떻게 해소해요?
   나: _____

문법 Tip

- 의미 : 여러 사실 중에서 '두 가지 정도 예를 들어 말한다면', 혹은 '두 가지 경우 가운데 어느 경우라도 상관없음'을 나타낸다.
- 유사 문법 : '[명]나/이나 [명]와/과 같은', '[명]라/이라든지 [명]라/이라든지 하는', '[동]ㄴ/는다든지 [동]ㄴ/는다든지 하면'

84 • [명1]라/이라느니 [명2]라/이라느니
[동1]ㄴ/는다느니 [동2]ㄴ/는다느니
[형1]다느니 [형2]다느니

〈보기1〉 * 그는 **구두쇠라느니 짠돌이라느니** 하는 별명을 들을 만큼 절약이 생활화된 사람이네요.
* 내 친구는 지금 **전과를 한다느니 휴학을 한다느니** 하면서 고민하고 있어요.

〈보기2〉 가: 저 두 사람은 왜 저렇게 다투고 있죠?
나: 자기가 **최고라느니 아니라느니** 하면서 다투고 있네요.

1. 가: 토마토는 과일인가요, 채소인가요?

   나: 한국에서는 토마토가 _____

2. 가: 누가 우리 학교에서 인기가 가장 많죠?

   나: _____ 말이 많아요.

3. 가: 한국 여배우 중에서 누가 제일 예뻐요?

   나: _____

4. 가: 여름 과일 중에서 어떤 게 제일 맛있어요?

   나: _____

5. 가: 어머니는 지금 뭘 걱정하고 계세요?

   나: _____

문법 Tip

- 의미 : 다른 사람들 혹은 개인이 어떤 상황이나 존재에 대해 이렇기도 하고 저렇기도 하다고 의견이나 생각이 분분함을 나타낸다.
- 〈주의〉 비교하는 대상에 따라 결합하는 명사, 동사, 형용사는 같은 형태로 올 수도 있고 다른 형태로 올 수도 있다.

85 • [동]고(서)도

<보기1>   * 결혼을 <u>하고도</u> 부모에게 손을 벌리다니 한심하군요.
         * 힘든 투병을 <u>하고서도</u> 꿋꿋한 모습이 참 대견합니다.

<보기2>   가: 친구가 아직도 결혼을 못 했다고요?
         나: 네, 벌써 45살이 <u>되고도</u> 장가를 못 가고 있어요.

1. 가: 유리 씨가 토픽 시험에 떨어졌다고요?
   나: _____

2. 가: 제가 아까 전화로 부탁드린 거 잊으셨어요?
   나: 요즘 너무 바쁘니까 _____

3. 가: 어젯밤에 잠을 못 잤어요? 왜 그렇게 피곤해 보여요?
   나: _____

4. 가: 친구가 도와 달라고 하는데 안 도와줄 거예요?
   나: _____

5. 가: 제가 어제 산 옷 어때요? 너무 화려하지요?
   나: _____

문법 Tip

- **의미** : '[동]았/었/였는데도'의 뜻으로, 앞의 사실이나 느낌에 상반되거나 또 다른 특성이 이어짐을 나타낸다. 다만, '[형]고도'는 '그리고 또'의 뜻으로 '[형]고서도'의 형태로는 안 쓰인다.
  예) 밥을 많이 **먹고서도** 더 먹고 싶었다.
      행복한 삶은 **쉽고도 어려운** 문제이다.
- **유사 문법** : '[동]ㄴ/은 후에도', '[동]고서도'의 형태로도 쓴다.
- **<주의>** : '[동]고(서)도' 앞에는 과거를 나타내는 '-았/었/였'이나 미래를 나타내는 '-겠'은 올 수 없다.
  예) 그는 거짓말을 <u>하고도</u> 안 했다고 했다. (O)
      그는 거짓말을 <u>하였고도</u> 안 했다고 했다. (×)

86 • [동/형]더(라)만

⟨보기1⟩ * 어제 늦도록 컴퓨터는 잘도 **하더만** 숙제는 왜 못했어?
          * 친구가 **많더라만** 정작 어려울 때는 아무도 안 오네.

⟨보기2⟩ 가: 이제 김치는 먹기 싫어요.
          나: 어제까지만 해도 잘 **먹더라만** 오늘은 왜 싫어?

1. 가: 그 문제 어렵지 않았어요?
   나: 풀어 보니까 _____

2. 가: 요즘은 체력이 떨어져 공부도 못하겠어요.
   나: 밤늦게까지 _____

3. 가: 우리 누나가 취직을 못해 요즘 걱정이 많아요.
   나: _____

4. 가: 민수 씨는 차가 많이 막혀서 약속시간에 늦는다고 합니다.
   나: _____

5. 가: 제가 어제 산 옷인데 어때요? 너무 화려하지요?
   나: _____

문법 Tip

- 의미 : 경험으로 알게 된 사실과 반대되는 어떤 행동이나 상황이 전개됨을 상대방에게 전달하는 의미를 나타낸다. 상대방에 관해 말할 때는 약간의 힐난, 또는 나무람의 뜻이 있다.
- '라'를 생략하고 '[동/형]더만'의 형태로 종종 쓴다.
- 유사 문법 : [동/형]더니만

87 · [동]는 까닭에
[형]ㄴ/은 까닭에

〈보기1〉 * 장난을 **좋아하는 까닭에** 진담인지 농담인지를 모르겠네.
* 물가가 **비싼 까닭에** 좋은 선물은 엄두를 못 내겠다.

〈보기2〉 가: 이 집은 고기반찬이 많군요.
나: 제가 고기를 지나치게 **좋아하는 까닭에** 그래요.

1. 가: 학생들이 오늘 결석을 많이 했네요. 무슨 일이 있어요?
   나: _____

2. 가: 그 가수는 해외 공연도 자주 한다면서요?
   나: _____

3. 가: 두 사람은 대학 졸업 후에 사업을 같이 한다지요?
   나: _____

4. 가: 그 사람이 한국을 떠나 미국으로 이민을 가게 된 이유가 뭐죠?
   나: _____

5. 가: 한국어를 정말 잘하시는군요. 어떻게 해서 그렇게 한국어를 잘할 수 있게 되었어요?
   나: _____

문법 Tip

- 의미 : 뒤 문장의 결과에 대한 이유를 나타내는 예스러운 표현이다.
- '[명]인 까닭에'의 형태로도 쓰인다.
  예) 그분은 <u>선생님인 까닭에</u> 학생들에게 어떻게 가르치면 좋을지 늘 생각하신다.
- 과거형 : [동]ㄴ/은 까닭에, [형]았/었/였던 까닭에, [명]였/이었던 까닭에
- 유사 문법 : '[동]기 때문에, [형]기 때문에, [명]이기 때문에'로 바꿔 쓸 수 있다.

88 • [동]노라면

〈보기1〉 * 고생을 **하노라면** 좋은 날도 오겠지요.
* 약이 쓰지만 참고 잘 **먹노라면** 곧 건강해질 거예요.

〈보기2〉 가: 어르신, 인생 경험이 풍부하신 것 같은데요.
나: 사람이 오래 **사노라면** 경험이 많을 수밖에 없지요.

1. 가: 책을 읽을 때 아이가 놀아 달라고 해서 방해가 되지 않았어요?
   나: _____

2. 가: 네 명이 기숙사 방을 같이 쓰면 불편하지 않아요?
   나: _____

3. 가: 한국 드라마는 슬픈 내용이 많지요?
   나: 네. 그래서 _____

4. 가: 선생님, 학생들 숙제를 매일 점검해 주시려면 힘드시겠어요?
   나: _____

5. 가: 봉사활동을 하면 어떤 점이 좋아요?
   나: _____

문법 Tip

- 의미 : 어떤 행동이나 상태를 지속하거나 유지하다 보면 어떤 상황을 맞게 되거나 어떤 상태가 됨을 나타낸다.
- 유사 문법 : [동]다 보면

89. [동]는 만큼
[형]ㄴ/은 만큼
[명]인 만큼

〈보기1〉　* 손님이 많이 **오는 만큼** 음식을 충분히 만들어야 해요.
　　　　　* 오늘은 어제보다 **추운 만큼** 옷을 잘 입고 가는 게 좋겠어요.

〈보기2〉　가: 민수 씨가 다리를 다쳤다고 하는데 같이 가 볼래요?
　　　　　나: 저도 **친구인 만큼** 당연히 가 봐야죠.

1. 가: 열심히는 하고 있지만 제게도 승진 기회가 있을지 걱정이에요.
   나: 누구보다 _____ 곧 좋은 소식이 있을 거예요.

2. 가: 곧 방학인데 고향에 돌아갈 거예요?
   나: 오랫동안 _____ 이번에는 부모님을 뵈러 가야지요.

3. 가: ○○○ 씨, 어떤 노래가 듣고 싶어요?
   나: 시험을 잘 봐서 _____ 흥겨운 노래가 듣고 싶어요.

4. 가: ○○○ 씨, 이번 주는 어떻게 지낼 거예요?
   나: 다음 주가 _____ 시험공부를 시작해야겠어요.

5. 가: 요즘 한국어를 공부하기가 어때요?
   나: _____

문법 Tip

- 의미 : 앞 내용이 뒤 내용의 이유나 근거임을 나타낸다.
- 현재형 : 아직은 여유가 **있는 만큼** 좀 더 기다려 봅시다.
- 과거형 : [동]ㄴ/은 만큼, [형]았/었/였던 만큼, [명]였/이었던 만큼
  　　　　예) 시원한 가을이 **온 만큼** 독서 좀 해야겠어요.
  　　　　　　어제 너무 **추웠던 만큼** 오늘은 덜 추울 거예요.
  　　　　　　그 분은 **교수님이셨던 만큼** 아직도 해박한 지식을 갖고 계세요.

90 • [동/형]리/으리만치

〈보기1〉   * 10명이 먹고도 **남으리만치** 음식을 많이 만들었어요.
         * 공부를 열심히 하라는 말은 **귀가 아프리만치** 들었어요.

〈보기2〉   가: 지난 1년을 돌이켜 보니 어땠던 것 같아요?
         나: 생각하기조차 **싫으리만치** 힘든 시간들이었어요.

1. 가: 친구가 운동하다가 넘어져 다리를 다쳤다고 하던데 어때요?
   나: 지금은 _____

2. 가: 친구가 어젯밤에 과음했다지요?
   나: 인사불성이 _____

3. 가: 그 신작 영화 봤다고 하던데 어땠어요?
   나: 제가 웬만해선 안 우는데 _____

4. 가: 팀장이 새롭게 제안한 내용에 팀원들의 반응들이 어땠습니까?
   나: _____

5. 가: 이번 태풍 피해가 아주 심각한 수준이었다고 하던데요.
   나: _____

문법 Tip

■ 의미 : '[동/형]ㄹ/을 만큼' 또는 '[동/형]ㄹ/을 정도로'의 뜻이다.

확인학습

1. ( )에 들어갈 알맞은 문법을 고르십시오.

1) 그렇게 (   ) 아직 배가 안 부르단 말이야?
   ① 먹건대   ② 먹고서도   ③ 먹고 나니   ④ 먹었더라면

2) 운동할 시간이 없으면 매일 30분 이상 (   ) 아파트에서 계단을 이용해서 걷는 것도 좋겠네요.
   ① 걷겠다니   ② 걷노라면   ③ 걷는다든가   ④ 걷는 까닭에

3) 혼자 있을 때는 (   ) 왜 누가 옆에만 있으면 꼭 남이 해 주길 바라지?
   ① 잘하더만   ② 잘하건대   ③ 잘하므로   ④ 잘하겠다니

4) 가 : 내 부탁을 들어줘서 정말 고마워!
   나 : 내가 이번에는 네 부탁을 (   ) 다음부터는 어림도 없어.
   ① 들어 준다마는   ② 들어 주건 말건
   ③ 들어 주노라면   ④ 들어 주는 까닭에

5) 가 : 미안해요. 너무 많이 늦었죠?
   나 : 네, 제발 (   ) 좀 늦을 경우에는 전화라도 좀 하세요.
   ① 부탁하건대   ② 부탁하다 못해   ③ 부탁하고서도   ④ 부탁하는 한편

2. 문법에 맞게 연결하여 문장을 완성하십시오.

1) 소나기가 내리는 까닭에	ⓐ 반드시 성공할 날이 올 거야.
2) 이자까지 포함해서 기한 내에 갚겠다면야	ⓑ 파김치가 되어 버렸다.
3) 손가락 하나 까딱 못 하리만치	ⓒ 경기가 잠시 중단되었음을 알려 드립니다.
4) 포기하지 않고 열심히 노력하노라면	ⓓ 그건 자기 착각에서 비롯된 헛소리예요.
5) 민수는 내가 자기를 좋아한다느니 자기밖에 없다느니 하는데	ⓔ 얼마든지 빌려 드리겠습니다.

91. (아무리/비록) [동]ㄴ/는다손 치더라도
(아무리/비록) [형]다손 치더라도
(아무리/비록) [명]라/이라손 치더라도

〈보기1〉 * 아무리 돈이 **없다손 치더라도** 빈손으로는 갈 수 없지.
* 유명한 **의사라손 치더라도** 모든 병을 다 알지는 못해요.

〈보기2〉 가: 경기가 안 좋은데 그 사업 계속 할 거예요?
나: 비록 처음에 **손해를 본다손 치더라도** 미래를 위해 투자할 겁니다.

1. 가: 내일 날이 무척 춥다던데 테니스 경기 어떻게 하죠?
   나: 한 달 전부터 계획한 경기이니 _____

2. 가: 용돈이 떨어져서 점심은 굶어야 할 것 같네요.
   나: 용돈이 _____

3. 가: 모두 반대하는 일을 왜 계속하겠다고 고집을 부립니까?
   나: _____

4. 가: 무슨 배짱으로 사장한테 그런 불만을 토로하는 겁니까?
   나: _____

5. 가: ○○○ 씨는 내일 지구가 멸망한다면 어떻게 하겠습니까?
   나: _____

문법 Tip

- 의미 : 어떤 일이 일어나거나 어떤 상태가 된다고 가정해도 결과는 바뀌지 않음을 나타낸다.
- 유사 문법 : [동]ㄴ/는다고 해도, [형]다고 해도, [명]라/이라고 해도

92 · [동/형]ㅁ/음직하다

〈보기1〉 * 군대를 갔다오더니 정말 **믿음직한** 청년이 되었구나.
* 사과가 크고 빛깔이 고운 게 참 **먹음직하네요.**

〈보기2〉 가: 그 안건에 대해 모두의 의견을 듣고 결정하고 싶네요.
나: 그거 참 **바람직한** 생각입니다.

1. 가: 다이어트 한다면서 양념치킨을 먹으면 어떡해요?
   나: _____

2. 가: 이 낡은 집은 왠지 분위기가 으스스한데요.
   나: 네, 정말 그렇군요. _____

3. 가: 아직 교실에 아무도 안 와 있을까?
   나: _____

4. 가: 그동안 민수가 시험 준비를 열심히 했으니까 이번에는 합격하겠지?
   나: 네, _____

5. 가: 아이가 엄마한테 호되게 꾸중을 들었으니 이제 말을 잘 듣겠죠?
   나: _____

문법 Tip

- 의미 : ① 그럴 만한 가치가 있어 그렇게 되면 좋겠다고 하는 마음을 나타낸다.
  ② 앞말이 뜻하는 내용이 발생할 가능성이 많음을 나타낸다.

93 • [동]는 셈 치다

<보기1>   * 경험을 <u>**쌓는 셈 치고**</u> 이 일을 한번 해 보겠습니다.
          * <u>**눈요기하는 셈 치고**</u> 같이 전시회에 갑시다.

<보기2>   가: 그 사람을 제가 믿어도 될까요?
          나: 그 사람 나쁜 사람은 아니니까 <u>**속는 셈 치고**</u> 한 번 믿어봐.

1. 가: 모처럼 영화 한 편 보려고 했는데 재미있는 영화가 없군요. 그냥 갈까요?
   나: 글쎄요. 영화관까지 왔으니까 _____

2. 가: 저도 더 이상 도와드릴 수 없어요. 이제는 혼자 알아서 하세요.
   나: 사람 목숨 하나 _____. 이 은혜는 절대로 잊지 않겠습니다.

3. 가: 위험 부담이 큰데도 투자를 하셨군요.
   나: _____

4. 가: 여보, 비록 자식이 잘못을 크게 했지만 어떻게 내쫓기까지 해요?
   나: 그런 꼴을 보고 사느니 _____

5. 가: 지지난주에 잃어버린 그 핸드폰을 다시 찾을 수 있을까요?
   나: _____

문법 Tip

- 의미 : 실제로 그렇게 될 수도 있음을 생각하거나 각오하고 행동함을 나타낸다.
- 과거형 : [동]ㄴ/은 셈 치다

94 · [동]는 판에
[형]ㄴ/은 판에

〈보기1〉 * 너도 나도 명품을 **사는 판에** 나라고 못 사겠어요?
         * 집이 **넓은 판에** 정원도 커서 관리비가 많이 나오겠다.

〈보기2〉 가: 난 그냥 기숙사 방에 있을래.
         나: 모두 영화 보러 **가는 판에** 너만 빠질 거야?

1. 가: 야, 밖에 나가서 축구라도 하고 놀까?
   나: 남들은 시험 때문에 _____

2. 가: 이 서류 다시 작성해야겠군요.
   나: 쌓여 있는 서류를 정리하기도 _____

3. 가: 저는 천천히 한국어를 배우고 싶어요.
   나: 빨리빨리 배워도 _____

4. 가: 선생님, 저 고급반에 가고 싶어요.
   나: _____

5. 가: 저는 시내버스 타고 갈래요.
   나: _____

문법 Tip

- **의미**: '어떠한 상황에'의 뜻으로, 그럴 수 있는 상황이 아닌데 그렇게 말하거나 행동하고자 하는 것에 대해 이해할 수 없음을 나타낸다.
- **과거형**: [동]ㄴ/은 판에
- '있다, 없다'가 들어가는 형용사가 오면 동사가 올 경우처럼 '-는 판에'를 쓴다. 형용사가 올 경우는 주로 부정적인 뜻의 단어가 온다.

95 • [동]는 것으로 미루어
[형]ㄴ/은 것으로 미루어

〈보기1〉 * 안색이 **좋은 것으로 미루어** 투자가 잘된 것 같지요?
* 분위기가 **침울한 것으로 미루어** 수술이 잘 못 됐나봐.

〈보기2〉 가: 밖이 왜 이렇게 시끄러운 거죠?
나: 이렇게 **시끄러운 것으로 미루어 보면** 친구들이 서로 말다툼을 하고 있는 게 분명해.

1. 가: 오후에 비가 올 것 같지 않아요?
   나: _____

2. 가: 선생님께서 오늘 왜 기분이 안 좋으실까요?
   나: _____

3. 가: 엄마, 아버지께서 오늘은 술을 많이 드시고 오셨네요.
   나: _____

4. 가: 여보, 한국에 간 아들한테 연락이 통 없네요. 무슨 일이 있는 것은 아니겠지요?
   나: _____

5. 가: 엄마, 다음 달 용돈을 미리 좀 주시면 안 돼요?
   나: _____

문법 Tip

- 의미 : 앞의 어떤 행동이나 상황을 근거로 뒤의 내용이나 사실을 추측하거나 단정 지음을 나타낸다.
- 과거형 : [동]ㄴ/은 것으로 미루어
- '[동]ㄴ/는 것으로 미루어 볼 때, [동]ㄴ/는 것으로 미루어 보면'의 형태로도 쓸 수 있다.

96. [동]는바
   [형]ㄴ/은바
   [명]인바

> 〈보기〉
> * 여러분도 다 **아시는바** 이번 달에 문화연수가 있습니다.
> * 날씨가 너무 **추운바** 오늘 경기는 취소하기로 했습니다.
> * 나도 마음은 **20대인바** 젊은이들이 좋아하는 노래가 좋다.

1. 학교 식당에 가서 보통 _____ 가끔은 새로운 맛을 보기 위해 학교 밖 식당으로 나가고 싶게 된다.

2. 이번 주는 월말 결산업무로 일이 _____ 친구와의 약속은 모두 취소해 버렸다.

3. 찬반 투표 결과는 아직 _____ 아직 결과를 알 수 없는 상황이다.

4. 지속되는 경기 침체로 기업들의 투자 전망도 _____ 올해 대학 졸업생들의 취업률도 예년에 못 미칠 전망이다.

5. 저도 아기를 낳아 키우는 _____ 그분의 자식에 대한 애틋한 마음을 어찌 모르겠습니까?

문법 Tip

- 의미 : (문어체로) 뒤 절에서 어떤 사실을 말하기 위하여 그 사실이 있게 된 것과 관련된 상황을 제시하는 데 쓴다.
* 과거형 : [동]ㄴ/은바, [형]았/었/였던바, [명]였/이었던바
   예) 시험에 한 번 **떨어진바** 더 이상 떨어질 수 없다.
   이번 주는 업무가 쌓여 너무 **피곤했던바** 주말에는 푹 쉬고 싶다.
   그분은 젊었을 때 **영어 선생님이었던바** 아직도 영어 실력이 좋다.

97 · [동/형]았/었/였은즉
[명]였/이었은즉

> 〈보기1〉 * 충고를 **들었은즉** 즉시 행하도록 하세요!
> * 왕년에 유명한 **배우였은즉** 연기력은 살아 있을 거예요.
>
> 〈보기2〉 가: 창고에 있던 스키 장비를 왜 꺼내요?
> 나: 겨울이 **왔은즉** 스키 타러 갈 준비를 해 놓아야죠.

1. 가: 이제 자려고요?

   나: 네. _____ 자야지요. 내일도 일찍 일어나 아침 운동하러 가야 해요.

2. 가: 식사도 끝났는데 이제 뭐 할 거예요?

   나: _____

3. 가: 이번 대회에서 우리 팀이 우승할 수 있겠지요?

   나: _____

4. 가: 언제쯤 세계 평화가 실현될 수 있을까요?

   나: _____

5. 가: 이번에 본 시험 결과가 어떨까요?

   나: _____

문법 Tip

- 의미 : (예스러운 표현으로) 앞 절의 일이 뒤 절의 근거나 이유임을 나타낸다.
- 유사 문법: [동/형]았/었/였으니까, [명]였/이었으니까

98. [동/형]겠냐마는

〈보기1〉 * 네가 나를 **배신하겠냐마는** 신의를 잊지 않도록 해라.
* 값이 또 **비싸지겠냐마는** 미리 사두는 게 어떨까?

〈보기2〉 가: 비가 금방은 안 올 것 같지요?
나: 금방이야 **오겠냐마는** 그래도 비가 올지 모르니 우산 챙겨, 알았지?

1. 가: 난방을 켜 두고 한 30분 정도 나갔다 와도 문제없겠지?
   나: 30분 켜 둔다고 해서 _____

2. 가: 이렇게 얇은 옷을 입어도 운동할 때는 안 춥겠지?
   나: 추우면 얼마나 _____

3. 가: 그 사람을 정말 믿어도 될까요?
   나: 설마 우리한테 _____

4. 가: 정말 열심히 공부했으니까 이번 시험에 안 떨어질 거야, 그치?
   나: _____

5. 가: 선생님, 내일은 절대로 지각하지 않고 일찍 오겠습니다.
   나: _____

문법 Tip

- 의미 : '자신이 말한 일이 일어날 거라고 생각하지 않지만' 혹은 '그런 상황이나 상태가 아닐 거라고 생각하지만'의 뜻이다.

99. [동/형]거늘
[명]이거늘

〈보기1〉 * 이렇게 **바쁘거늘** 너하고 영화 볼 시간이 어디 있니?
* 내가 네 **고향 선배이거늘** 인사도 없이 가서 되겠어?

〈보기2〉 가: 아버지, 저는 책 읽기가 싫습니다.
나: 나도 책을 열심히 **읽거늘** 너처럼 젊은 녀석이 그렇게 책을 안 읽고 앞으로 어떻게 하려고 그래?

1. 가: 어머님, 운동 좀 하고 오겠습니다.
   나: 아이고, 날씨가 이렇게 _____

2. 가: 선생님, 저는 조금 더 있다가 집에 가겠습니다.
   나: 친구들은 다 _____

3. 가: 아버님, 둘째 손자가 이번 시험에서 우등상을 받고서 무척 좋아하네요.
   나: _____

4. 가: 요즘 물가상승으로 서민들 삶이 아주 팍팍해지고 있다는군요.
   나: _____

5. 가: ○○○ 씨, 엊그저께 봉사활동을 다녀오셨다면서요? 외국에서까지 봉사활동을 하다니 정말 대단하세요.
   나: _____

문법 Tip

- 의미 : ① 까닭이나 원인을 나타낸다.
  ② 앞의 사실이 당연한 것이므로 뒤 절의 사실도 당연히 그러해야 함을 강조함을 나타낸다. 흔히 뒤에는 의문 형식(언제, 무엇, 누구, 어떻게, 어디, 왜)이 온다.
- 과거형 : [동/형]았/었/였거늘, [명]였/이었거늘
  예) 어릴 때는 키가 **작았거늘** 어떻게 이렇게 키가 커졌니?

100 • [동]는 듯해도
[형]ㄴ/은 듯해도
[명]인 듯해도

〈보기1〉 * 잠을 **자는 듯해도** 우리 이야기를 다 듣고 있을 거예요.
* 방이 **좁은 듯해도** 두 사람이 살기에는 괜찮아요.

〈보기2〉 가: 여보, 요즘 우리 아들 공부 열심히 하고 있지?
나: 걔가 열심히 **하는 듯해도** 꼭 그렇지만도 않아요.

1. 가: 고기를 잘 드시네요.
   나: _____ 사실은 채소를 더 좋아해요.

2. 가: 애가 참 착하네요.
   나: _____ 동생하고 있으면 얼마나 심술을 부리는데요.

3. 가: 저 아이는 아주 강한 것 같아요.
   나: _____

4. 가: 아기가 건강하게 참 잘 노네요.
   나: _____

5. 가: 저 사람은 일본 사람 같은데요?
   나: _____

문법 Tip

- 의미 : '[동]는 것 같아도/같지만, [형]ㄴ/은 것 같아도/같지만, [명]인 것 같아도/같지만'의 뜻이다.
- 과거형 : [동]ㄴ/은 듯해도, [형]았/었/였던 듯해도, [명]였/이었던 듯해도

확인학습 10

1. ( )에 들어갈 알맞은 문법을 고르십시오.

1) 네가 비록 다 (　　　) 결혼하기 전까지는 부모가 네 보호자임을 명심해라.
   ① 자랐겠냐마는　　　　　　　　　② 자랐다손 치더라도
   ③ 자란 것으로 미루어　　　　　　④ 자랐기에 망정이지

2) 말하는 것을 보니 듣던 대로 (　　　).
   ① 믿음직하네요　　　　　　　　　② 믿을 리 만무하네요
   ③ 믿을 턱이 없네요　　　　　　　④ 믿는 게 고작이네요

3) 설마 산 입에 거미줄 (　　　) 그래도 조금이나마 돕고 싶은 마음에 이렇게 찾아 온 거니까 사양하지는 마!
   ① 치거늘　　② 치는 판에　　③ 치겠냐마는　　④ 치는 듯해도

4) 가 : 정말 이 집을 팔 거예요?
   나 : 부모님도 돌아가시고 나 혼자 (　　　) 이렇게 큰 집이 무슨 필요가 있겠어요?
   ① 살겠다니　　② 사는 판에　　③ 사는 한편　　④ 사는 듯해도

5) 가 : 그런 일은 가족들과 함께 의논해서 처리하는 게 어때?
   나 : 이번 일은 (　　　) 내 힘으로 문제를 해결해 볼 거야.
   ① 실패하거늘　　② 실패하노라면　　③ 실패한다기보다　　④ 실패하는 셈 치고

2. 문법에 맞게 연결하여 문장을 완성하십시오.

1) 시험은 잠시 후에 시작되는바	ⓐ 선생님의 말씀에 잘 따라야지.
2) 전화를 안 받는 것으로 미루어	ⓑ 책임감은 강한 편이에요.
3) 김장철이 되었은즉	ⓒ 아직도 자고 있는 게 틀림없어요.
4) 스승은 마음의 어버이거늘	ⓓ 각종 재료들을 준비해야겠어요.
5) 우리 아이가 철이 없는 듯해도	ⓔ 모두 자리에 앉아 기다려 주시기 바랍니다.

101 • [동/형]기에 망정이지
[명]이기에 망정이지

⟨보기1⟩ * 우산을 **챙겨왔기에 망정이지** 일기예보만 믿고 안 가지고 왔으면 비에 흠뻑 젖을 뻔 했어.
* 내가 **무자식이기에 망정이지** 저런 불효자를 보니 화가 나네.

⟨보기2⟩ 가: 어제 교통사고가 났다면서?
나: 응. 하지만 사람이 **안 다쳤기에 망정이지** 큰일 날 뻔했어.

1. 가: 어제 너희 집에 도둑이 들었다면서?
   나: 그래, 하지만 집에 현금이 _____

2. 가: 문화연수 기간 동안 날씨가 안 좋았다면서요?
   나: _____

3. 가: 요즘 일이 많아 아주 힘들다면서요?
   나: _____

4. 가: 아르바이트 때문에 시험공부를 별로 못 했다면서요?
   나: _____

5. 가: 가뭄이 계속되는데 농작물 피해는 없습니까?
   나: _____

문법 Tip

- 의미 : '[동/형]아/어/여서 매우 다행스럽다' 혹은 앞절의 내용이 '괜찮거나 잘된 일'이라는 뜻을 나타낸다.
- '[동/형]니/으니(까) 망정이지', '[동/형]아/어/여서 망정이지'의 형태로도 쓰인다.
- 과거형 : [동/형]았/었/였기에 망정이지, [명]였/이었기에 망정이지

102 • [형]기 짝이 없다

〈보기1〉   * 방학 동안 기숙사에만 있으려니 **외롭기 짝이 없네요.**
         * 내가 대기업에 취직이 되었다니 **기쁘기 짝이 없어요.**

〈보기2〉   가: 8살밖에 안 된 아이가 그 힘든 일을 해냈대요.
         나: 그게 정말이에요? **놀랍기 짝이 없군요.**

1. 가: 그 가수의 인기가 요즘 절정에 달했다죠?
   나: _____

2. 가: 이번 폭우로 태국 방콕 시내가 물에 잠겨 수백 명이 죽었대요.
   나: _____

3. 가: 한국에서는 한 해 교통사고로 1만 명 이상이 목숨을 잃는다고 하네요.
   나: _____

4. 가: 밤마다 술 먹고 고성방가하는 사람들 때문에 저는 매일 밤 엄청 스트레스를 받아요.
   나: _____

5. 가: 요즘 세계 경제가 심각한 위기에 처해 있다네요.
   나: _____

문법 Tip

- 의미 : 정도나 감정이 비할 데 없이 대단하거나 매우 심함을 강조하여 말할 때 쓴다.
- 유사문법 : '[형]기(가) 이를 데(가) 없다' ☞ 이 책의 74번 문법 참조

103 · [동/형]ㄹ/을 따름이다
[명]일 따름이다

〈보기1〉 * 이번 주는 여유가 없어요. 월말이라서 일이 **바쁠 따름입니다.**
* 저는 그분의 **심부름꾼일 따름이에요.**

〈보기2〉 가: 아르바이트 하면 돈을 얼마나 받아요?
나: 저는 사장님이 주는 대로 **받을 따름입니다.**

1. 가: 한국에 와서 김치를 처음 먹었을 때 맛이 어땠어요?
   나: _____

2. 가: 부장님이 아주 엄격하시다고요?
   나: _____

3. 가: 돈을 많이 버신다는 얘길 들었는데요.
   나: 많이 벌기는요. _____

4. 가: 학생은 한국어를 어떻게 공부하고 있어요?
   나: _____

5. 가: 쓰레기 줍기 봉사를 매일같이 하신다고 들었는데요.
   나: 매일 하는 건 아니고, _____

문법 Tip

- **의미**: 오로지 그것뿐이고 그 이상은 아님을 나타낸다. 그밖에 다른 것을 설명할 수 없을 정도로 심하거나 자신을 낮추어 겸손함을 나타낸다.
- **과거형**: [동/형]았/었/였을 따름이다, [명]였/이었을 따름이다.

104 • [동/형]거나 말거나

〈보기1〉 * **믿거나 말거나** 그것은 당신의 선택입니다.
       * 회사의 지원이 **있거나 말거나** 최선을 다하기로 하지요.

〈보기2〉 가: 시간도 늦었는데 빨리 자라.
       나: 내가 **자거나 말거나** 상관 마. 내 일은 내가 알아서 할 거야

1. 가: 난 좀 쉬었다가 하고 싶은데 넌 어떡할래?
   나: _____

2. 가: 당신 친구는 K대학교를 지원했는데 당신은 어느 대학교를 지원할 예정입니까?
   나: _____

3. 가: 내일 시험인데 오늘도 아르바이트 가야 해요?
   나: _____

4. 가: 눈이 이렇게 많이 쌓였는데 사람들이 집 앞의 눈을 안 치우네요?
   나: _____

5. 가: 내일 비가 엄청 많이 온다지요?
   나: _____

문법 Tip

- 의미 : 어떤 것을 선택해도 상관없음을 나타내거나 어떤 상태나 상황이어도 상관없음을 나타낸다. 주로 '-거나 -거나 [동]ㄴ/는다' 형태로 쓰이기도 하는데, 서로 상반된 내용을 나열하여 '그것과 관계없이 항상~'의 뜻으로도 쓰인다.
  예) 부모님은 **비가 오거나 눈이 오거나** 자녀를 **걱정한다.**
- 유사 문법 : [동/형]든지 말든지

105 • [동/형]면/으면 [동/형]았/었/였지

<보기1>   * 실업자가 **되면 됐지** 그런 사람과는 같이 일하기 싫어요.
          * 집이 **컸으면 컸지** 결코 작지는 않아요.

<보기2>   가: 이런 불경기에 그 일을 왜 그만 두려고 해요?
          나: 내가 **죽으면 죽었지** 그 일은 못 하겠어요.

1. 가: 먹을 게 없는데 라면이라도 먹자.
   나: _____ 아침 식사로 라면은 안 먹을 거야.

2. 가: 요즘 여러 나라에서 K-POP의 인기가 대단한가 봐요.
   나: _____

3. 가: 식당에서 아르바이트를 하는 거 힘들지 않아요?
   나: _____

4. 가: 아이고, 벌써 10시가 넘었네. 선생님께 안 혼날까?
   나: _____

5. 가: 토픽 고급시험이 어려운 편인가요?
   나: _____

문법 Tip

■ 의미 : ① 말하는 이가 최소한 그렇게 하거나 그렇게 됨을 나타낸다.
         ② 어떤 상태나 상황이 최소한 그 이상임을 나타낸다.
         ③ 차라리 앞 절의 상황을 선택하더라도 뒤 절의 상황은 절대로 하고 싶지 않음을 나타낸다.

106 • [동]고자

〈보기1〉
* 인사를 <u>드리고자</u> 이렇게 찾아왔습니다.
* 스승님의 제자가 <u>되고자 하니</u> 부족하지만 받아주십시오.

〈보기2〉
가: 여기는 웬일이세요?
나: 당신을 만나 얘기 좀 <u>하고자</u> 왔습니다.

1. 가: 어학원을 수료한 후에 무엇을 하려고 해요?
   나: 대학원에 _____

2. 가: 요즘은 아빠 노릇 잘하세요?
   나: 물론이죠. 저는 _____

3. 가: 왜 대낮부터 노래방에 갔어요?
   나: 신나게 노래를 부르면서 스트레스를 _____

4. 가: 그 친구가 요즘 한국어 공부를 열심히 하지요?
   나: 네, 맞습니다. _____

5. 가: 왜 그렇게 열심히 저축을 하고 있습니까?
   나: 작은 회사 하나를 _____

문법 Tip

- 의미 : '[동]려/으려고'의 뜻이다.
- '[동]고자 하다'의 형태로 쓰이면 말하는 이의 '의도'나 '희망'을 나타낸다.
- 〈주의〉 과거를 나타내는 '-았/었/였-'이나, 미래 또는 의지를 나타내는 '-겠-'과는 함께 쓰지 않는다.
  예) 나는 어제 물건을 <u>샀고자</u> 시장에 갔다. (×)
      그는 친구를 <u>만나겠고자</u> 서울에 갔다. (×)

107 • [명]은/는 둘째 치고

〈보기1〉 * 집안 **청소는 둘째 치고** 집에서 빈둥거리지만 않아도 좋겠다.
         * 사인을 **받는 것은 둘째 치고** 얼굴만이라도 보고 싶어요.

〈보기2〉 가: 식사시간이 됐는데 밥이나 먹으러 갑시다.
         나: **밥은 둘째 치고** 이 일 먼저 끝내야 하니 날 좀 도와 줘요.

1. 가: 이제 결혼할 나이도 지났는데 결혼을 서둘러야 하지 않겠어요?
   나: _____

2. 가: 대학교를 졸업하면 어떤 회사에 취직할 계획이에요?
   나: _____

3. 가: 시간 있으면 영화나 보러 갈까?
   나: _____ 방해하지 마.

4. 가: 예습은 좀 했니?
   나: _____

5. 가: 자동차가 있으면 편하잖아. 정말 자동차 안 살 거야?
   나: _____

문법 Tip

- 의미 : 앞의 일보다 뒤에 오는 일이 더 급하거나 중요한 일임을 나타낸다.
- 유사 문법 : [명]은/는 그만두고

108 • [명1]이건 [명2]이건 (간에)
[명]이건 아니건 (간에)

〈보기1〉   * **어른이건 아이이건** 모두 한류열풍에 빠진 것 같아요.
          * **해외여행이건 아니건 간에** 여행 좀 가봤으면 좋겠다.

〈보기2〉   가: 이 일은 저희 부서와 관계가 없는 것 같은데요.
          나: 우리 **부서이건** 다른 **부서이건 간에** 급한 일이니 해야 해요.

1. 가: 안동 하회마을에 우리 고급반만 문화연수를 가는 거예요?
   나: _____

2. 가: 이렇게 낡은 집인 줄 몰랐어요. 지금 계약해야 하나요?
   나: _____

3. 가: 반드시 부자여야 행복할 수 있어요?
   나: 아니요. _____

4. 가: 겨울에도 망고 같은 열대 과일을 먹을 수 있어요?
   나: 물론이죠. _____

5. 가: 우리 아버지는 구두쇠라서 싫을 때가 있어요.
   나: _____

문법 Tip

- 의미 : 그것이 어느 쪽이든지 상관없거나 양쪽에 다 관계된 일을 나타낸다.
- 동사와 형용사가 올 경우는 [동1/형1]건 [동2/형2]건 (간에)의 형태로 쓰이며, 과거형은 [동1/형1]았/었/였건 [동2/형2]았/었/였건 (간에)이다.
- 과거형 : [명1]였/이었건 [명2]였/이었건 (간에), [명]였/이었건 아니었건 (간에)
   예) **사과였건 포도였건** 아무 거나 가지고 오세요.
       그 사람이 전에 그 회사 **회사원이었건 아니었건** 상관없다.

109 • [명]도 [명]려/이려니와

〈보기1〉   * **사무 능력도 사무 능력이려니와** 현장 대처 능력도 중요합니다.
          * 그는 **눈치도 눈치려니와** 행동도 빠르다고 하네요.

〈보기2〉   가: 대학 입학시험이 걱정돼요.
          나: **시험도 시험이려니와** 저는 합격한다 해도 학비가 걱정이에요.

1. 가: 저 학생은 춤을 참 잘 추네요.
   나: _____

2. 가: 우리 선생님은 마음씨가 참 좋으신 것 같아요.
   나: _____

3. 가: 잠 잘 시간인데 아직도 숙제를 못 했어요?
   나: _____

4. 가: 파라과이에서 온 저 학생은 공부를 열심히 합니까?
   나: 네. 그 학생은 _____ 아주 성실합니다.

5. 가: 그 신랑감은 어떤 사람이에요?
   나: _____

문법 Tip

■ 의미 : 앞의 사실에 더해 뒤의 사실까지 있어서 더 어떠하다는 것을 말할 때 주로 쓰인다.

110 • [명]만 하더라도

〈보기1〉   * **중간고사만 하더라도** 과락자가 한 명도 안 나왔어요.
         * **인기만 하더라도** 그 사람을 능가할 사람이 없지.

〈보기2〉   가: 오늘은 정말 날씨가 따뜻하고 좋네요.
         나: 그러네요. **어제만 하더라도** 공기가 쌀쌀했는데요.

1. 가: 요즘은 세계 여러 나라에서 쓰레기 재활용에 동참하고 있다고 하죠?
   나: 네. _____

2. 가: 한국에는 외국인 유학생이 참 많다고 느껴져요.
   나: 네, 맞아요. _____

3. 가: 요즘 한국 가수들이 세계적인 인기를 끌고 있다지요?
   나: 네. _____

4. 가: 올해는 자연재해가 참 컸던 해인 것 같아요.
   나: 네, 맞아요. _____

5. 가: 요즘 전 세계에서 한국 대기업들의 활약이 대단하더군요.
   나: _____

문법 Tip

■ 의미 : 여럿 중에서 특정한 것 하나를 예로 들어 말할 때 쓴다.
   '[명]만 해도'로 줄여 쓸 수 있다.

확인학습 11

1. ( )에 들어갈 알맞은 문법을 고르십시오.

1) 아무리 말을 해도 안 들으니 이젠 (　　　) 나도 신경 안 쓸래.
   ① 공부하거나 말거나　　　　② 공부하는 것으로 미루어
   ③ 공부도 공부려니와　　　　④ 공부하는 것은 둘째 치고

2) 내가 일찍 (　　　) 하마터면 불이 날 뻔 했잖아.
   ① 발견했더라도　② 발견한 대서야　③ 발견하거나 말거나　④ 발견했기에 망정이지

3) 가 : 왜 그렇게 기분이 언짢아 보여요?
   나 : 그렇게 하면 안 된다고 내가 누누이 알려 줬는데도 선배인 내 말을 안 들으니 (　　　) 그래요.
   ① 답답하겠거니 해서　　　　② 답답하려니 생각해서
   ③ 답답한 게 고작이어서　　　④ 답답하기 짝이 없어서

4) 가 : 박 선생님 댁 아이들이 공부를 참 잘한다면서요?
   나 : 네, 박 선생님 댁 (　　　) 전국 수학 경시대회에서 1등을 했대요.
   ① 막내만 하더라도　② 막내이기로서니　③ 막내라면 모를까　④ 막내는 둘째 치고

5) 가 : 아드님이 대학에 수석으로 합격했다니 정말 자랑스러우시겠어요.
   나 : 자랑스럽기는요, 그저 (　　　).
   ① 기쁠 법도 해요　② 기쁠 따름이에요　③ 기쁠 턱이 없어요　④ 기쁠 것까지 없어요

2. 문법에 맞게 연결하여 문장을 완성하십시오.

1) 내가 혼자 살면 살았지	ⓐ 자식들도 모두 훌륭한 의사래요.
2) 김 교수님의 강의를 듣고자	ⓑ 아르바이트라도 좀 할 수 있으면 좋겠어요.
3) 그 집 사람들은 부모도 부모려니와	ⓒ 너 나 할 것 없이 모두 나서서 헌혈을 했어요.
4) 교사건 학생이건 간에	ⓓ 첫차를 타고 왔습니다.
5) 취직은 둘째 치고	ⓔ 절대 그 사람과는 결혼하지 않을 거야.

TOPIK 고급 대비 **문법 활용 연습** 169

111 • [명]라/이라면 모를까

〈보기1〉 * <u>부자라면 모를까</u> 그런 큰 차는 줘도 타지 못할 거예요.
　　　　 * <u>선생님이라면 모를까</u> 그렇게 어려운 문제를 누가 풀 수 있겠어요?

〈보기2〉 가: 요즘 수박 한 통에 10,000원이면 살 수 있나요?
　　　　 나: <u>15,000원 정도라면 모를까</u> 그렇게 싸게는 못 사요.

1. 가: 고기를 600g 정도 사면 네 명이 배부르게 먹을 수 있을까요?
   나: _____ 네 명이 먹기에는 부족하죠.

2. 가: 자동차 운전면허를 보통 한 번에 딸 수 있나요?
   나: _____ 한 번에 따기는 쉽지 않아요.

3. 가: 여기에서 시청까지 지하철로 20분 정도에 갈 수 있을까요?
   나: _____ 어림도 없어요.

4. 가: 체육대회를 하고 싶은데 8월 중에는 어렵겠지요?
   나: _____

5. 가: 대학 강의를 90% 이상 이해할 수 있으려면 한국어 실력이 토픽 4급이면 될까요?
   나: _____

- 의미 : 제시된 '명사' 정도가 되면 가능할 거라고 생각함을 뜻한다.

112 • [동/형]아/어/여 봤자

〈보기1〉 * 이제 **항의해 봤자** 소용없는 일이에요.
* 그 가방이 **비싸 봤자** 10만 원도 안 될 거예요.

〈보기2〉 가: 10분밖에 안 남았는데 택시로 가면 제시간에 도착할 수 있을까?
나: **택시 타 봤자** 제시간에 도착 못 하니까 버스로 가자.

1. 가: 지금 그 사람 집으로 전화하면 받을까?
   나: _____

2. 가: 이 김치 매울 텐데 먹을 수 있겠어요?
   나: _____

3. 가: 도저히 이런 상황을 나는 못 참겠어. 술이라도 마셔야 마음이 편할 것 같아.
   나: _____

4. 가: ○○○ 씨, 올겨울에 한국은 아주 춥대요.
   나: _____ 몽골만큼 _____

5. 가: 일이 이렇게 꼬인 것은 모두 그 사람 탓이야.
   나: _____

문법 Tip

- 의미 : 어떤 행위를 하거나 어떤 상황이 일어나도 결과에 영향을 미치지 않거나 기대하는 일이 일어나지 않음을 나타낸다. 또 형용사가 올 경우에는, 어떤 상태가 되어도 어떤 수준이나 정도 이상은 아님을 나타낸다.
- 유사 문법 : [동]아/어/여 본다고 해도

113 • [동]는 한이 있어도
[동]는 한이 있더라도

〈보기1〉 * <u>굶는 한이 있어도</u> 돈을 모아 그 콘서트 표를 꼭 살 거예요.
* 내 눈에 흙이 <u>들어가는 한이 있어도</u> 너희 둘의 결혼은 절대로 허락할 수 없다.

〈보기2〉 가: 인권운동을 계속하면 위험할 수도 있을 텐데요.
나: 이 일을 하다가 <u>죽는 한이 있어도</u> 계속할 겁니다.

1. 가: 이번 한강마라톤대회에 풀코스로 출전하는 것은 무리일 것 같은데요?
   나: 뛰다가 _____

2. 가: 당신의 그 헛된 꿈은 그만 포기하는 게 좋을 텐데요.
   나: 하다가 _____

3. 가: 차기 정권 창출을 위해 어떤 각오로 임하고 있습니까?
   나: _____

4. 가: 애국자가 어떤 사람인지 알아요?
   나: _____

5. 가: 리스크가 큰데도 왜 그렇게 주식에 많이 투자했습니까?
   나: _____

문법 Tip

■ 의미 : 앞에 오는 상황을 희생하거나 무릅써야 할 극단적인 상황이라고 해도 뒤의 행위를 함에는 변함없음을 나타낸다.

114 · [동]ㄴ/는대서야
   [형]대서야

〈보기1〉 * 한 달 이상 추진해 온 일을 **포기한 대서야** 말이 됩니까?
* 이렇게 쉬운 문제가 **어렵대서야** 이번 시험에 어떻게 합격할 수 있겠니?

〈보기2〉 가: 이 정도 날씨에 **춥대서야** 어찌 겨울을 날 수 있겠어요?
나: 제 고향에는 겨울이 없어서 저는 추위를 많이 타요.

1. 가: 저는 더 이상 한국어를 배울 수가 없습니다. 지쳤어요.
   나: _____

2. 가: 피곤하니까 좀 쉬었다가 올라가죠?
   나: 100m밖에 안 올라왔는데 _____

3. 가: 앞으로의 경제상황이 불투명하니까 전 이 사업을 포기하렵니다.
   나: _____

4. 가: 국회의원 선거 때 국민에게 한 공약을 어길 생각입니까?
   나: _____? 앞으로 공약을 실천할 수 있는 방법을 찾아보겠습니다.

5. 가: 길거리에 쓰레기를 투기하는 사람들을 보면 어떤 생각이 듭니까?
   나: 참으로 한심하다는 생각이 듭니다. _____

문법 Tip

- **의미** : (동사에 붙어) 듣거나 알게 된 어떤 사실에 대해 의문을 제기하거나 부정적으로 판단함을 나타낸다. '[동]ㄴ/는다고 해서야', '[형]다고 해서야'의 줄임말이다.
- 명사와 결합할 때는 '[명]래/이래서야', '아니다'와 결합할 때는 '아니래서야'의 꼴이 된다.
- 과거형 : [동/형]았/었/였대서야, [명]였/이었대서야

115 • [명]인지라
  [동]는지라
  [형]ㄴ/은지라

> 〈보기1〉
> * 내 친구들이 이 학교가 좋다고 **하는지라** 나도 이 학교를 선택하게 됐어요.
> * 친구는 마음이 **넓은지라** 다 이해해 줄 거라고 믿어요.
>
> 〈보기2〉
> 가: 두 사람은 전부터 알고 있었나요? 친한 것 같군요.
> 나: **고향사람인지라** 금방 친해졌어요.

1. 가: 엄마가 왜 저렇게 막내한테 야단을 치시지?
   나: _____

2. 가: 어머, 꽃이 정말 예쁘네요. 여보, 근데 꽃은 왜 사왔어요?
   나: _____

3. 가: 주중인데 학교에 학생들이 별로 안 보이네요?
   나: _____

4. 가: 열심히 해 오던 일을 왜 갑자기 포기하려고 하세요?
   나: _____

5. 가: 친구하고 또 싸웠다면서요? 왜 자꾸 그래요?
   나: 그 친구는 항상 _____

문법 Tip

- 의미 : (예스러운 표현으로) 앞 절의 상황이나 상태가 뒤 절의 행위나 상황에 대하여 이유나 원인이 됨을 나타낸다.
- 유사 문법 : '[명]이기 때문에', '[동/형]기 때문에', 또는 '[명]여서/이어서', '[동/형]아/어/여서'로 바꿔 쓸 수 있다.

116 • [명]에 의해(서)

〈보기1〉 * **그 사람에 의해서** 이 일이 처음 시작되었습니다.
* 철저한 **검증에 의해** 그 연구에 대한 신뢰성이 커졌습니다.

〈보기2〉 가: 한국 대통령은 어떻게 선출됩니까?
나: 국민의 **직접 투표에 의해** 선출됩니다.

1. 가: 회사의 중요한 정책은 어떻게 결정됩니까?
   나: _____

2. 가: 인생의 성공은 어떻게 결정되지요?
   나: _____

3. 가: 사람들이 물에 빠진 아이를 구했다면서요?
   나: 네, _____ 목숨을 건졌어요.

4. 가: 훌륭한 인격자는 어떻게 길러지나요?
   나: _____

5. 가: 공산품 가격이 갑자기 폭등한 이유가 뭐죠?
   나: _____

문법 Tip

- **의미**: 어떤 수단이나 방법으로 말미암음을 나타내거나 어떤 상황이나 기준에 근거함을 나타내는 표현이다. '[명]에 의하여'의 형태로도 쓰인다.
- 뒤의 내용에 대해 하나의 기준임을 의미할 때는 '[명]에 따라(서)'로 바꿔 쓸 수 있다.
   예1) 한국 대통령은 **국민투표에 의하여** 직접 선출된다. (○)
   　　　한국 대통령은 **국민투표에 따라** 직접 선출된다. (×)
   예2) 인생의 성공은 그 사람의 **노력 여부에 의하여** 결정된다. (○)
   　　　인생의 성공은 그 사람의 **노력 여부에 따라서** 결정된다. (○)

117 • [동]는 법이다
[형]ㄴ/은 법이다

<보기1>   * 내가 진심으로 잘해주면 상대도 내게 **잘하는 법이지요.**
          * 크게 될 사람은 꿈도 **큰 법입니다.**

<보기2>   가: 요즘은 허리도 아프고 시력도 나빠져서 힘드네요.
          나: 나이가 들면 그렇게 **되는 법이에요.** 건강을 위해 운동을 좀 해 보세요.

1. 가: 어제 축구를 오랜만에 했더니 몸살이 났나 봐요.
   나: 지나치게 _____

2. 가: 그 친구는 얼굴색도 변하지 않고 거짓말을 자주 해요.
   나: _____

3. 가: 아이고, 깜찍해라! 이 아기는 어쩌면 이렇게 인형 같아요?
   나: _____

4. 가: 왜 이렇게 후텁지근한지 모르겠네요.
   나: _____

5. 가: 서울에서 신출귀몰하던 그 도둑이 드디어 검거되었답니다.
   나: _____

문법 Tip

- 의미 : '마땅히 그러할 것이니'의 뜻이다. 앞 절이 뒤 절의 근거나 원인이 됨을 나타내는 말인데, 주로 옛 말투로 쓰인다.
- 주로 일반적인 법칙이나 항상 변함없는 진리적인 사실을 표현하기 때문에 과거형으로는 쓰이지 않는다.

118 • [명]을/를 막론하고
[명1]냐/이냐 [명2]냐/이냐를 막론하고
[동1]느냐 [동2]느냐를 막론하고
[형1]냐/으냐 [형2]냐/으냐를 막론하고

〈보기1〉 * **나이를 막론하고** 누구나 이번 퀴즈대회에 도전할 수 있습니다.
* 게임에 진 사람은 **좋아하느냐 싫어하느냐를 막론하고** 그 느끼한 음식을 먹어야 해요.

〈보기2〉 가: 한국에서는 여자도 군인이 될 수 있어요?
나: 네, 물론이지요. **여자냐 아니냐를 막론하고** 군인이 되고 싶은 사람은 누구나 지원할 수 있어요.

1. 가: 요즘에는 겨울에도 여름 과일을 먹을 수 있지요?
   나: 네. _____

2. 가: 그 노래자랑대회에 외국인도 참가할 수 있어요?
   나: _____

3. 가: 사장님이 갑자기 회의를 소집하셨다고요? 저희 부서 사람 모두 참석해야 합니까?
   나: _____

4. 가: 얼굴이 꼭 예뻐야 여배우가 될 수 있습니까?
   나: _____ 연기만 잘하면 _____

5. 가: 장학금을 받은 사람도 등록을 해야 합니까?
   나: _____

문법 Tip

- 의미 : '어떤 조건이나 일, 또는 사람에 상관없이'의 뜻이다.
- '[의문사]냐/이냐를 막론하고'의 형태로도 종종 쓰인다.
   예) 그 사람이 **누구냐를 막론하고** 친절하게 대해 주는 것이 좋다.
       하는 일이 **무엇이냐를 막론하고** 맡은 일에 최선을 다해야 한다.
- 과거형 : [명]였/이었느냐를 막론하고, [동/형]았/었/였느냐를 막론하고

119 • [동]려/으려 들다

<보기1> * 그 사람은 대화를 하지 않고 무조건 **싸우려 드는군요.**
* 아기가 혼자 누워있지 않고 늘 **안기려 들어요.**

<보기2> 가: 한국에서 운전하기가 어때요?
나: 조금이라도 느리다 싶으면 **추월하려 드는** 차들이 많아서 운전하기가 힘들어요.

1. 가: 일을 할 때 참견하는 사람들은 없어요?
   나: 왜 없겠어요? _____

2. 가: 어린 자녀를 키우면서 집에서 요리하다 보면 어떤 어려움이 따라요?
   나: _____

3. 가: 한국어 수업시간에 발표를 시키면 모든 학생들이 적극적으로 발표를 잘하나요?
   나: 네, 하지만 _____

4. 가: 한국인 학생들과 같이 생활하면 어떤 애로사항이 있습니까?
   나: _____

5. 가: 그 술주정뱅이는 요즘 어때요? 술 좀 자제하고 있나요?
   나: 아니요. _____

문법 Tip

- 의미 : 동사에 붙어 어떤 행위의 적극적인 의도를 나타내거나 곧 일어날 움직임임을 나타낸다. 주로 '-려/으려 하다' 또는 '-려/으려 들다'의 꼴로 쓰인다.
- <주의> '-려/으려 들다'는 '-려/으려 하다'보다 더 적극적으로 하는 느낌이 있다.

120 • [명]라/이라기보다(는)
   [동]ㄴ/는다기보다(는)
   [형]다기보다(는)

〈보기1〉 * 제게 있어 악기연주는 <u>**특기라기보다는**</u> 취미로 하는 일입니다.
         * 여기는 <u>**조용하다기보다는**</u> 한적한 곳이에요.

〈보기2〉 가: 11월 하순이 되니 날씨가 꽤 쌀쌀해졌죠?
         나: <u>**쌀쌀하다기보다는**</u> 춥다고 해야 할 것 같아요.

1. 가: 그 남자 아이는 개구쟁이라면서요?
   나: 얼마나 여자 아이들을 괴롭히는지 _____ 심술쟁이라고 해야 맞을 거예요.

2. 가: 요즘 불경기가 계속되면서 학교가 오로지 취업만을 준비시키는 기관이 되어 버린 느낌이에요.
   나: 그러게요. _____

3. 가: 가수 KARA 멤버들은 노래도 잘하지만 얼굴이 모두 예쁜 것 같아요.
   나: 맞아요. _____

4. 가: 이제 한국 생활에 익숙해져서 그런지 김치를 잘 먹는 것 같군요.
   나: _____

5. 가: 그 사람 성격이 좀 변덕스러운 것 같지 않아요?
   나: 그건 좀 심한 표현 같네요. _____

문법 Tip

■ 의미 : 어떻다고 말하는 것보다는 뒤에 제시하는 것이 더 적절하다고 말하고 싶을 때 쓴다.

확인학습 1.2

1. ( )에 들어갈 알맞은 문법을 고르십시오.

1) 그렇게 매사에 자신감이 (   ) 어떻게 큰일을 도모할 수 있겠니?
   ① 없대서야   ② 없는지라   ③ 없다기보다   ④ 없는 까닭에

2) 남성들이 (   ) 여성 인권 향상을 위해 이번에는 꼭 그 법안을 통과시키도록 하겠습니다.
   ① 반대하는 바
   ② 반대하는 판에
   ③ 반대하는 한이 있어도
   ④ 반대하는 것으로 미루어

3) 저희 부부가 모두 (   ) 아이들을 돌 볼 시간이 없네요.
   ① 일을 하는지라
   ② 일을 한 대서야
   ③ 일을 한다기보다는
   ④ 일을 하는 한이 있어도

4) 마음은 (   ) 표현이 되지요.
   ① 말이건 언어건
   ② 말과 언어에 의해서
   ③ 말과 언어인 듯해도
   ④ 말과 언어이기에 망정이지

5) 가 : 윗집 아이들이 그렇게 뛰어다니면 가서 얘기를 좀 해 봐요.
   나 : 왜 안 해 봤겠어요? 아무리 (   ) 소귀에 경 읽기예요.
   ① 항의하는지라   ② 항의해 봤자   ③ 항의하는 마당에   ④ 항의한다기보다는

2. 문법에 맞게 연결하여 문장을 완성하십시오.

1) 지금이 7월이라면 모를까	ⓐ 우리 반 성적이 좀 떨어지는 편인 것 같아요.
2) 아이들은 원래	ⓑ 막무가내로 따지려 드는 사람이 있어요.
3) 잘못이 있다면 지위 고하를 막론하고	ⓒ 아직 에어컨을 켤 때는 아닌 것 같아요.
4) 자기가 잘못해 놓고도	ⓓ 싸우면서 크는 법이에요.
5) 제가 잘한다기보다는	ⓔ 누구든지 책임을 져야 합니다.

121 • [동]ㄹ/을 나위(도) 없다
[동]ㄹ/을 나위(도) 없이

<보기1>   * 그 일은 다시 **생각할 나위도 없는** 일입니다.
           * 같이 사진을 **찍을 나위도 없이** 차가 출발해 버렸어요.

<보기2>   가: 한국과 같이 분단된 나라에서는 국가 정보기관의 역할이 대단히
               중요할 것 같네요.
           나: 그럼요, 그 중요성은 **두 말 할 나위 없습니다.**

1. 가: 요즘 생활하시기가 어떻습니까?
   나: 덥지도 춥지도 않아서 생활하기에 _____ 좋아요.

2. 가: 이 세탁기는 LG에서 만든 건데 사도 좋을까?
   나: 메이커가 LG라면 _____

3. 가: 제가 다음 달에 결혼을 합니다. 행복예식장에서 할까 말까 고민하고 있는데 그 예식장 어때요?
   나: _____

4. 가: 이번 주 토요일에 동문회를 하려고 하는데 참석할 수 있겠니?
   나: _____

5. 가: 다음 달에 일본으로 온천여행을 계획 중인데 벳푸온천 어때요?
   나: _____

문법 Tip

■ 의미 : 더 할 수 있는 여유나 더 해야 할 필요가 없는 상황임을 나타낸다.

122 • [동]는 바와 같이
[동]는 바와 같다

<보기1>　　* 모두 **아시는 바와 같이** 그분은 위대한 지도자였습니다.
　　　　　* 다 **공감하는 바와 같이** 이번 일은 대성공입니다.

<보기2>　　가: 제주도 어땠어? 선생님은 참 아름답다고 느꼈는데…….
　　　　　나: 네, 선생님이 **느끼신 바와 같이** 저도 아름답다고 느꼈습니다.

1. 가: 헹리 학생은 캄보디아에서 왔다고 들었는데요.
   나: 선생님께서 _____

2. 가: 우리 학교 선생님이 최고로 친절하다고 알고 있어. 넌 어떻게 생각해?
   나: _____

3. 가: 역시 이 식당 냉면 맛은 일품이네요. 안 그래요?
   나: 네, 그래요. _____

4. 가: 나는 기아문제를 해결하는 것이 뭐가 그리 어려운지 이해가 잘 안 가.
   나: _____

5. 가: 너는 꼭 성공해야 한다. 알았지?
   나: 네, 선생님. _____

문법 Tip

- 의미 : 앞에서 말하거나 생각하거나 느끼거나 듣거나 한 것과 내용이 같음을 나타낸다.
- 과거형 : [동]ㄴ/은 바와 같이, [동]ㄴ/은 바와 같다
   예) 친구가 **말한 바와 같이** 저도 그렇게 생각합니다.
     (= 친구가 **말한 것과 같이** 저도 그렇게 생각합니다.)
     제 생각은 어제 말씀을 **드린 바와 같습니다.**

123 • [동/형]더니만
[명]더/이더니만

<보기1>   * 어제는 아이가 **놀기만 하더니만** 오늘은 열심히 공부하는군요.
         * 어릴 적부터 **천사표더니만** 민수 씨가 또 기부를 했다고 하네요.

<보기2>   가: 제가 토픽 6급 시험에 합격했어요.
         나: 그렇게 열심히 **하더니만** 결국 합격했네요. 축하해요.

1. 가: 그 사람이 KBS TV 아나운서 공채시험에 합격했다는군요.
   나: _____

2. 가: 조지 씨가 몸살이 나서 앓아누웠다는군요.
   나: _____

3. 가: 오늘 날씨는 어때요?
   나: _____ 오늘은 푸근해진 느낌이에요.

4. 가: 그 사람은 어렸을 때부터 얌전한 사람이었어요?
   나: 아니요, _____

5. 가: 저 사람이 전부터 저렇게 도벽이 심했어요?
   나: 아니요, _____

문법 Tip

■ 의미 : ① 과거에 경험한 사실이 다른 사실의 근거가 됨을 나타낸다.
         예) 오랜만에 운동을 **했더니만** 기분이 좋군요.
       ② 앞의 사실과 뒤의 사실이 서로 반대되거나 모순이 될 때 쓴다.
         예) 어제는 **춥더니만** 오늘은 아주 따뜻하군요.
       ③ 어떤 사실이나 행위에 이어서 다른 사실이나 행위가 일어남을 나타낸다.
         예) 엄마가 나를 **보더니만** 갑자기 웃기 시작했다.
       ④ 어떤 사실을 경험해 보았더니 새로운 사실을 알게 됨을 나타낸다.
         예) 선생님께 **여쭈어 보았더니만** 이번 문화연수는 제주도로 간다고 하시더군요.

124 • [동]는 마당에
[형]ㄴ/은 마당에

<보기1> * 돈도 제대로 **벌지 못하는 마당에** 여행 얘기는 그만 합시다.
* 거리도 **먼 마당에** 교통비까지 비싸다고 하네요.

<보기2> 가: 나한테 부탁할 거 없어요?
나: 내일이면 **헤어지는 마당에** 부탁은 무슨…….

1. 가: 모두 다 이 동네를 떠나는데 계속 여기 남아 있을 거예요?
   나: 아니요. 모두 _____ 나 혼자 여기서 살 수는 없지요.

2. 가: 이번에는 내가 한턱낼게요.
   나: _____ 좀 거하게 내면 안 될까요?

3. 가: 이번에는 꼭 장학금을 받고 말겠다는 결심을 했어요.
   나: 그래요? 그럼 그렇게 _____ 이번에는 전교 1등을 해 보는 건 어때?

4. 가: 우리 회사가 이번에 부도가 날 것 같아요.
   나: 이렇게 _____ 다른 회사로 옮겨 보는 건 어때요?

5. 가: 유가가 폭등해서 차를 유지하기가 힘드네요.
   나: _____

문법 Tip

- 의미 : (동사나 '있다', '없다'에 붙어) 어떤 일이 이루어진 상황이나 처지를 나타낸다. 특히, 앞 절의 상황이나 처지 때문에 뒤 절의 행위나 판단이 부적절함을 나타내는 경우가 많다.
- 과거형 : [동]ㄴ/은 마당에
- '가까운 미래'를 나타내는 경우에는 '[동]ㄹ/을 마당에' 대신 '[동]는 마당에'를 쓴다.
- '[동]는 마당이라', '[동]는 마당이니'의 형태로도 쓰인다.
  예) 모두 **떠나는 마당이라** 나 혼자 남을 수는 없다.
  모두 **떠나는 마당이니** 나 혼자 남을 수는 없다.
- 유사 문법 : '[동]는 판에', '[형]ㄴ/은 판에' ☞ 이 책 94번 문법 참고

125 • [동/형]리/으리만큼

<보기1> * 모두 **부러워하리만큼** 사이가 좋은 형제예요.
  * 이 옷은 젊은이들 대부분이 **입으리만큼** 유행하고 있는 옷입니다.

<보기2> 가: 이번에 시험 점수가 많이 떨어졌다면서요?
  나: 대답도 **못 하리만큼** 성적이 나쁘니까 물어보지 마세요.

1. 가: 이번에 동계 전지훈련을 갔다 왔다고 들었어요.
   나: 말도 마세요. 매일 얼마나 고된 훈련을 받았는지 _____ 힘든 하루 하루였어요.

2. 가: 너무 무리를 해서 피곤하면 잠을 못 자는 경우도 있어요.
   나: 맞아요. 저도 이번에 혼자 이사하느라고 무리를 했더니 _____ 온 몸이 쑤시더라고요.

3. 가: 병원에서 동생이 그렇게 난리를 치며 울었다고? 창피했겠다.
   나: 생각만 해도 끔찍해. 정말 _____ 울어대서 입장이 얼마나 곤란했는지 몰라.

4. 가: 이번 기말 시험 문제가 정말 쉬웠지?
   나: 응. _____ 쉬웠어.

5. 가: 어제 다큐멘터리가 그렇게 슬펐어요?
   나: 네, _____

문법 Tip

- 의미 : '그러할 정도로'의 뜻이다.
- 유사 문법 : '[동/형]ㄹ/을 만큼', '[동/형]ㄹ/을 정도로', '[동/형]리/으리만치' ☞ 이 책 90번 문법 참고

126 • [명]을/를 마다하고
[동]는 것을 마다하고

〈보기1〉 * 그 사원은 **무시험 입사를 마다하고** 정식으로 시험을 봐서 들어왔대요.
* 친구가 밥을 **사 주겠다는 것을 마다하고** 돌아왔습니다.

〈보기2〉 가: 민수는 봉사정신이 정말 투철한 것 같아요.
나: 맞아요. **쉬운 일을 마다하고** 굳이 힘든 일을 찾아서 솔선수범을 하더라고요.

1. 가: 어제 선생님께서 병원에 입원을 하셨대요.
   나: 저도 들었어요. 의사의 무리하지 말라는 _____ 진학 지도를 하시다가 그렇게 되셨대요.

2. 가: 도밍고가 정말 술을 끊었나 봐요.
   나: 그러게 말이에요. 어제도 _____ 집으로 가더라고요.

3. 가: 내 호의를 거절하는 거야?
   나: 내가 네 _____ ㄹ/을 리가 있겠어? 일 때문에 급히 가봐야 해서 그런 거니까 이해해 줘.

4. 가: 아이가 화가 많이 났나 봐요? 계속 울기만 하네요.
   나: 글쎄 말이에요. _____ 우네요.

5. 가: 제 친구는 누가 가르쳐 주는 것보다 혼자 공부하는 게 더 좋대요.
   나: _____

문법 Tip

- 의미 : '어떤 것에 대해 싫다고 거절하거나 물리치고'의 뜻이다.
- '[명]을/를 마다하지 않고', '[동]는 것을 마다하지 않고'의 형태로 쓰여, '어떤 것을 싫다고 거절하지 않고'의 뜻으로 쓰이기도 한다.

127 • [동/형]기로 들면

〈보기1〉 * 노래 **잘하기로 들면** 수자 씨만큼 잘하는 사람도 드물 거야.
* 교육 환경이 **좋기로 들면** 우리 학교가 최고일 거예요.

〈보기2〉 가: 그렇게 어려운 일을 정말 해낼 수 있겠어요?
나: 한번 **하기로 들면** 못 해낼 것도 없어요.

1. 가: 몽골의 겨울은 얼마나 추워요?
   나: _____ 몽골만큼 추운 나라도 드물 거예요.

2. 가: 춤을 가장 잘 추는 그룹 가수로 누구를 꼽을 수 있을까요?
   나: _____ ㅇㅇㅇ만한 가수도 없을 거예요.

3. 가: 여름에 해수욕장에 가고 싶은데 어디가 좋아요?
   나: 해수욕장에 _____ 역시 부산 해운대지요.

4. 가: 불닭이 엄청 맵다던데 먹을 수 있겠니?
   나: 무슨 소리예요? 제가 불닭을 얼마나 좋아하는데요. 한번 _____
   _____

5. 가: 그동안 공부에는 뒷전이었던 저 친구가 요즘 많이 변했네요.
   나: 일단 마음먹고 _____

문법 Tip

■ 의미 : ① 앞의 행위나 상태가 뒤 내용의 판단이나 선택의 근거가 됨을 나타낸다. '[동]는 것으로 말한다면', '[형]ㄴ/은 것으로 말한다면'의 뜻이다.
② '[동]겠다고 결심을 하기만 하면'의 뜻으로 쓰이기도 한다.

128 • [동]는 반면(에)
[형]ㄴ/은 반면(에)
[명]인 반면(에)

〈보기1〉 * 저는 회화는 **잘하는 반면** 작문 실력은 부족한 편입니다.
* 그 사람은 키는 **작은 반면에** 행동은 무척 민첩하다고 해요.

〈보기2〉 가: 민수가 그림을 참 잘 그리죠?
나: 네, 그런데 민수는 그림을 **잘 그리는 반면에** 노래는 정말 못하더라고요.

1. 가: 동생이 외국어 공부를 좋아한다면서요?
   나: 네, 그런데 영어는 _____ 일본어는 머릿속에 잘 안 들어와서 못 하겠대요.

2. 가: 서울은 없는 게 없어서 살기 편하겠어요.
   나: 근데 _____ 공기가 좀 안 좋은 것 같아요.

3. 가: 봉사활동이 쉬운 일은 아닐 텐데도 참 열심히 하시네요.
   나: _____ 보람이 있거든요.

4. 가: 정말 저 둘이 형제예요?
   나: 네, 형은 _____ 동생은 _____

5. 가: 민수를 보면 키가 크다고 다 농구를 잘하는 건 아닌가 봐요.
   나: _____ 그런 것 같네요.

문법 Tip

- 의미 : 앞에 오는 말과 뒤에 오는 말이 상반되는 사실임을 나타낸다.
- 종종 '-에'가 생략되어 '[동]는 반면, [형]ㄴ/은 반면, [명]인 반면'의 꼴로도 쓰인다.
- 과거형 : [동]ㄴ/은 반면(에)
  예) 은정이 자장면을 **시킨 반면에** 민수는 짬뽕을 시켰다.

129 • [명1] [명2] 할 것 없이

<보기1>   * <u>선진국 후진국 할 것 없이</u> 모두 경제발전을 위해 애쓰고 있습니다.
         * <u>남자 여자 할 것 없이</u> 모두 그 가수를 좋아한대요.

<보기2>   가: 요즘 경기가 나빠서 사람들이 소비를 안 한대요.
         나: 네, 그래서 <u>너 나 할 것 없이</u> 다들 아껴 쓰느라 난리래요.

1. 가: 이번 발표회에 출전하는 팀이 너무 많은 것 같지 않아요?
   나: 그런 것 같아요. 이번에는 _____ 모두들 신청을 했다네요.

2. 가: 유가 오름세로 국제 경제가 정말 나빠진 것 같아요.
   나: 맞아요. _____ 서로 기름을 사 놓으려고 난리래요.

3. 가: 이번 졸업 여행에 남학생들만 가기로 했나요?
   나: 아니요, _____ 다 가기로 했어요.

4. 가: '신종플루'가 대유행인데 특별히 노인들만 조심해야 해요?
   나: 아니요, _____

5. 가: 월드컵 대회는 월드컵에 참가한 국가들만 관심을 가지고 응원합니까?
   나: 아니요, _____

- 의미 : 원래 "[명]나/이나 [명]나/이나 할 것 없이"의 형태이지만, 보통 '-나/이나 -나/이나'를 생략하여 쓴다.
    예) <u>어린이나 어른이나 할 것 없이</u> 모두 '사랑해!'란 말을 제일 듣고 싶어 한다고 한다.
       (=어린이 어른 할 것 없이)
- '[의문사1] [의문사2] 할 것 없이'의 형태로도 쓰인다.
    예) <u>누구 누구 할 것 없이</u> 모두 같이 가자.
       <u>언제 언제 할 것 없이</u> 지금 당장 합시다.
- 유사 문법 : '[명]을/를 막론하고' ☞ 이 책 118번 문법 참고

130 • [동]ㄹ/을락 말락 하다

〈보기1〉 * 바람이 불어서 촛불이 **꺼질락 말락 해요.**
         * 까치발을 하니까 선반이 겨우 **닿을락 말락 합니다.**

〈보기2〉 가: 아이가 아직 안 자요?
         나: 지금 잠이 **들락 말락 하고** 있으니까 조용히 하세요.

1. 가: 칠판에 써 있는 저 작은 글씨가 보여요?
   나: 아니요, 시력이 나빠서 _____

2. 가: 그 여자는 몇 살 정도 됐어요?
   나: 한 30살 정도 _____ 나이예요.

3. 가: 그분께서는 뭐라고 유언을 남기셨어요?
   나: _____ 소리로 '서로 사랑하며 행복하게 살아라'라고 하셨어요.

4. 가: 그 범인을 잡았어요?
   나: 네. 위치를 추적 중인데 _____ 안 잡히네요.

5. 가: 밖의 날씨가 어때요?
   나: 아까부터 _____

- 의미 : 어떤 일이 거의 일어날 것 같다가 아직 안 일어남을 나타낸다.
- 동사의 어간이 'ㄹ' 받침으로 끝난 경우는 '-ㄹ락 말락 하다'를 쓴다.
  예) 아이가 지금 **울락 말락 하고 있어요.**

확인학습 13

1. ( )에 들어갈 알맞은 문법을 고르십시오.

1) (　　　) 태블릿PC의 기능은 참으로 다양합니다.
   ① 보셔 봤자　　② 보시는 이상　　③ 보시는 반면에　　④ 보시는 바와 같이

2) 그렇게도 (　　　) 결국은 수료를 못 하는군요.
   ① 결석을 하는지라　　　　　　　② 결석을 하더니만
   ③ 결석을 하는 반면에　　　　　　④ 결석을 하는 한이 있어도

3) 가 : 새로 이사 간 집이 어때요? 좋죠?
   나 : (　　　) 좋아요.
   ① 두말하더니만　　② 두말하는 이상　　③ 두말하는 반면에　　④ 두말할 나위 없이

4) 가 : 그렇게 입고 갈 생각이야?
   나 : (　　　) 아무 옷이나 입으면 어때요?
   ① 급해 봤자　　② 급하대서야　　③ 급한 마당에　　④ 급한 반면에

5) 가 : 조금만 더 기다려 보면 안 될까요?
   나 : 지금까지 (　　　) 더는 무리예요. 다른 사람들을 위해 이제 그만 출발해야 하거든요.
   ① 오지 않은 이상　　　　　　　② 오지 않는 듯해도
   ③ 오지 않겠냐마는　　　　　　　④ 오지 않으면 않았지

2. 문법에 맞게 연결하여 문장을 완성하십시오.

1) 수학여행은 교사 학생 할 것 없이	ⓐ 행복한 삶을 살고 싶어요.
2) 그는 나의 충고를 마다하고	ⓑ 전원이 함께 갑니다.
3) 좀 더 열심히 해야지 지금 성적으로는	ⓒ 운동에는 영 재능이 없는 것 같아요.
4) 제 동생은 예술에는 소질이 있는 반면에	ⓓ 자신의 고집대로 일을 추진했다.
5) 깨가 쏟아지리만큼	ⓔ 붙을락 말락 해요.

부록

- TOPIK 필수 관용표현, 속담, 의태어, 사자성어
- 어휘 활용 연습 정답
- 문법 활용 연습 정답
- 문법 확인 학습 정답
- 어휘 색인

소통

TOPIK 필수
관용표현, 속담, 의태어, 사자성어

● 관용표현

1. 가닥을 잡다 19, 25회
2. 가뭄에 콩 나듯 11회
3. 가슴을 쓸어내리다 22회
4. 가슴을 치다 17, 23, 28회
5. 가슴이 뜨끔하다 17회
6. 가슴이 벅차다 30회
7. 가슴이 찢어지다 23회
8. 갈피를 못 잡다 27, 32회
9. 감을 잡다 12회
10. 고개가 수그러지다 23회
11. 고개를 갸웃거리다 19회
12. 고개를 끄덕이다 30회
13. 고배를 마시다 8회
14. 골머리를 썩다/썩이다 14, 25회
15. 골탕을 먹이다 21회
16. 굴러 온 호박 21회
17. 귀가 솔깃하다 23, 25, 32회
18. 귀를 기울이다 12, 29회
19. 긁어 부스럼 19회
20. 기가 막히다 18회
21. 기가 차다 30회
22. 꼬리를 밟히다 21회
23. 날개 돋친 듯 13회
24. 낯이 뜨겁다 25회
25. 넋이 빠지다 30회
26. 눈 밖에 나다 20, 27회
27. 눈길을 주다 12회
28. 눈 깜짝할 사이 13회
29. 눈독을 들이다 17, 23, 25회
30. 눈물이 핑 돌다 21회
31. 눈살을 찌푸리다 22회
32. 눈에 넣어도 아프지 않다 24회
33. 눈에 불을 켜다 14, 22회
34. 눈을 감아 주다 12회
35. 눈을 붙이다 29회
36. 눈코 뜰 사이가 없다 13, 25, 31, 32회
37. 다리를 놓다 26회
38. 된서리를 맞다 27회
39. 뒷짐을 지다 20회
40. 등을 돌리다 24, 29회
41. 마음이 무겁다 16회
42. 말꼬리를 흐리다 28회
43. 맥을 놓다 30회
44. 맥이 빠지다 19, 20회
45. 머리를 맞대다 27회
46. 머리를 숙이다 24회
47. 머리를 식히다 30회

부록 195

48. 머리를 쥐어짜다	19회
49. 머리를 흔들다	31회
50. 목을 축이다	16회
51. 몸 둘 바를 모르다	21회
52. 몸(을) 담다	12회
53. 몸 사리다	17회
54. 물불 가리지 않다	13, 18, 25, 31, 32회
55. 미역국을 먹다	12회
56. 바가지를 긁다	12, 28회
57. 바가지를 씌우다	28회
58. 바람을 일으키다	24, 29회
59. 발 벗고 나서다	27회
60. 발등에 불(이) 떨어지다	15, 28회
61. 발등을 찍히다	23회
62. 발목을 잡히다	17, 24회
63. 발뺌을 하다	17회
64. 발을 맞추다	29회
65. 발이 넓다	27회
66. 변덕이 죽 끓듯 하다	20회
67. 불 보듯 하다	20회
68. 세월이 약이다	21회
69. 소문이 꼬리를 물다	24회
70. 속을 태우다	14, 30회
71. 속이 타다	19회
72. 손가락질 당하다	12회
73. 손때가 묻다	31회
74. 손사래를 치다	21회
75. 손에 땀을 쥐게 하다	15, 23회
76. 손에 익다	24회
77. 손에 잡히다	16회
78. 손을 떼다	12회
79. 손을 벌리다	24회
80. 손을 빌리다	29회
81. 손을 씻다	22회
82. 손톱 밑의 가시	20회
83. 숨통이 트이다	21회
84. 시치미를 떼다	22회
85. 쌍벽을 이루다	29회
86. 씻은 듯 (낫다)	11회
87. 앞뒤를 재다	12회
88. 어깨가 무겁다	29회
89. 어깨를 으쓱거리다	14, 18회
90. 얼굴을 들고 다닐 수 없다	28회
91. 얼굴이 두껍다	17, 28회
92. 엉덩이가 무겁다	32회
93. 열을 올리다	30회
94. 으름장을 놓다	27, 32회
95. 일침을 가하다	14회
96. 입가심(을 하다)	12회
97. 입방아(를 찧다)	12회
98. 입버릇(처럼 말하다)	12회
99. 입씨름(을) 하다	12회
100. 입에 대고 살다(입에 달고 살다)	26회
101. 입에 침이 마르도록 자랑하다	14, 26회
102. 입에 풀칠하다	16회
103. 입을 모으다	27회

104. 입이 귀에 걸리다 15, 25회
105. 입이 험하다 12회
106. 자리를 잡다 26회
107. 줄행랑을 놓다 21, 31회
108. 쥐 죽은 듯 11회
109. 진땀을 빼다 19, 23, 31회
110. 진을 빼다 26회
111. 찬물을 끼얹은 듯 11, 18회
112. 첫발을 떼다 31회
113. 코앞에 닥치다 14회
114. 콧등이 시큰해지다 21회
115. 턱걸이를 하다 17회
116. 파리만 날리다 31회
117. 판에 박은 듯(하다) 20회
118. 팔소매를 걷어붙이다 22회
119. 팔짱 끼고 보다 22회
120. 풀이 죽다 19회
121. 하늘을 찌르다 28회
122. 한 배를 타다 15회
123. 한눈을 팔다 26회
124. 한술 더 뜨다 11, 20회
125. 햇빛을 보다 28회
126. 허리띠를 졸라매다 22, 26, 32회
127. 혀를 내두르다 26회
128. 혀를 차다 21회
129. 두 마리 토끼를 잡다 24회
130. 활개를 치다 32회

● 속담

1. 가물에 콩 나듯 20회
2. 가시 방석(바늘방석)에 앉다 13회
3. 가재는 게 편 20회
4. 강 건너 불 보듯 한다 14회
5. 같은 값이면 다홍치마 28회
6. 개 발에 편자 20회
7. 계란으로 바위 치기 15, 32회
8. 고생 끝에 낙이 온다 26회
9. 곶감 빼먹듯 한다 15회
10. 구슬이 서 말이라도 꿰어야 보배다 .. 28회
11. 굿이나 보고 떡이나 먹자 18회
12. 그물에 든 고기 25, 30회
13. 꿈보다 해몽이 좋다 26회
14. 꿩 먹고 알 먹기 11회
15. 누이 좋고 매부 좋다 26회
16. 다 된 밥에 재 뿌리기 25회
17. 다람쥐 쳇바퀴 돌듯 13회
18. 달리는 말에 채찍질 한다 20, 24회
19. 닭 쫓던 개 지붕 쳐다보기 29회
20. 도랑 치고 가재 잡기 22, 29, 31회
21. 돌다리도 두드려 보고 건너라 18, 27회
22. 땅 짚고 헤엄치기 22회
23. 떡 본 김에 제사 지낸다 28회
24. 마른하늘에 날벼락 19회
25. 말 한 마디로 천 냥 빚 갚는다 18회
26. 미운 놈 떡 하나 더 주기 15회
27. 밑 빠진 독에 물 붓기 13, 25, 29, 31, 32회

부록 197

28. 바람 앞에 등불	19회
29. 병 주고 약 준다	24회
30. 불난 집에 부채질한다	17회
31. 비 온 뒤에 땅이 굳어진다	23회
32. 뿌린 대로 거둔다	27회
33. 산 입에 거미줄 치랴	15회
34. 서울에서 김서방 찾기	15회
35. 선무당이 사람 잡는다	24회
36. 소 뒷걸음질 치다 쥐 잡는다	29회
37. 소 잃고 외양간 고친다	22회
38. 속 빈 강정	19, 30회
39. 쇠뿔도 단김에 빼라	18회
40. 수박 겉핥기	17, 32회
41. 순풍에 돛을 단 배(순풍에 돛을 달다)	20, 25회
42. 언 발에 오줌 누기	15회
43. 울며 겨자 먹기	13, 32회
44. 원님 덕에 나팔 불다	22회
45. 원숭이도 나무에서 떨어질 때가 있다	23회
46. 의사가 제 병 못 고친다	24회
47. 입에 쓴 약이 몸에 좋다	23회
48. 장님 코끼리 만지듯 한다	15회
49. 제 눈에 안경이다	28회
50. 친구 따라 강남 간다	17, 26, 31회
51. 티끌 모아 태산	21회
52. 하나를 보면 열을 안다	27, 31회
53. 하나만 알고 둘은 모른다	18회
54. 하늘은 스스로 돕는 자를 돕는다	23회
55. 우물을 파도 한 우물을 파라	27회

● 의태어

1. 갈팡질팡	14, 15, 26, 32회
2. 건들건들	19회
3. 글썽글썽	24회
4. 기웃기웃	28회
5. 꼬박꼬박	13, 22회
6. 꼬치꼬치	21회
7. 꾸벅꾸벅	16, 27, 31회
8. 다닥다닥	24, 29회
9. 다짜고짜	21회
10. 두근두근	12, 13, 30회
11. 들쭉날쭉	12회
12. 듬성듬성	17, 29, 31회
13. 또박또박	26회
14. 띄엄띄엄	14회
15. 머뭇머뭇	14, 29, 31회
16. 모락모락	13, 23, 28, 31, 32회
17. 무럭무럭	15, 17회
18. 방긋방긋	24회
19. 벌컥벌컥	30회
20. 보글보글	23회
21. 불쑥불쑥	15, 30회
22. 사뿐사뿐	16, 28, 32회
23. 살금살금	23, 25회
24. 살랑살랑	27회
25. 새록새록	12회
26. 설렁설렁	19회
27. 성큼성큼	12, 30회

28. 시시콜콜	21회
29. 싱숭생숭	20회
30. 아등바등	22회
31. 아슬아슬	25, 29회
32. 안달복달	20회
33. 알록달록	25회
34. 알쏭달쏭	14회
35. 엉금엉금	17회
36. 오락가락	19, 25회
37. 오순도순	18, 26, 32회
38. 옥신각신	18회
39. 올록볼록	27회
40. 올망졸망	18회
41. 옹기종기	18, 20, 27회
42. 우물쭈물	15, 19회
43. 움찔움찔	16회
44. 주렁주렁	23회
45. 주섬주섬	13, 17회
46. 차곡차곡	22, 24, 26회
47. 투덜투덜	21회
48. 티격태격	20회
49. 팔짝팔짝	16회
50. 흥청망청	22회
51. 희끗희끗	28회

● 사자성어

1. 감언이설	26, 28, 30, 32회
2. 갑론을박	28, 32회
3. 고진감래	15회
4. 과유불급	23, 29, 32회
5. 구사일생	23, 29회
6. 궁여지책	11회
7. 금상첨화	22회
8. 금지옥엽	11회
9. 기고만장	25회
10. 기절초풍	25회
11. 난형난제	11회
12. 노심초사	24회
13. 다다익선	16회
14. 다재다능	20회
15. 단도직입	19회
16. 동고동락	24회
17. 동문서답	25, 28, 32회
18. 동병상련	23회
19. 동분서주	21, 31회
20. 동상이몽	23, 29회
21. 두문불출	21회
22. 막상막하	15, 18회
23. 무궁무진	20회
24. 반신반의	25, 30회
25. 부화뇌동	14회
26. 불가사의	17회
27. 불편부당	17회
28. 비일비재	19, 20회
29. 상부상조	15회
30. 새옹지마	22회

부록 199

31. 선견지명	12회
32. 설상가상	18회
33. 소탐대실	26회
34. 수수방관	14회
35. 심사숙고	24, 31회
36. 십시일반	29회
37. 십중팔구	18회
38. 아전인수	16회
39. 애지중지	21회
40. 약육강식	11회
41. 어부지리	11회
42. 어불성설	26회
43. 역지사지	12회
44. 우유부단	17회
45. 유명무실	15, 17회
46. 유유자적	27회
47. 일거양득	16, 18회
48. 일석이조	11회
49. 일희일비	27, 31회
50. 임기응변	12, 14회
51. 자승자박	14회
52. 전무후무	20회
53. 전전긍긍	27, 30회
54. 전화위복	16회
55. 좌지우지	30회
56. 좌충우돌	26회
57. 죽마고우	11회
58. 중언부언	28, 31회
59. 지성(이면)감천	21, 30회
60. 차일피일	27회
61. 천방지축	21회
62. 천우신조	22회
63. 천편일률	19회
64. 청천벽력	14회
65. 탁상공론	12회
66. 풍전등화	22회
67. 학수고대	24회
68. 허심탄회	19회
69. 현모양처	11회
70. 홍익인간	11회

어휘 활용 연습 정답

어휘 활용 연습_1

1.
  1) ⓑ
  2) ⓔ
  3) ⓐ
  4) ⓒ
  5) ⓓ

2.
  1) 개정이
  2) 가령
  3) 강좌를
  4) 개별
  5) 개요를
  6) 개념을

3.
  1) 개괄적으로
  2) 개괄해 보는 것이
  3) 간과할 수
  4) 개관해
  5) 감안하여
  6) 간결한
  7) 가시적인

어휘 활용 연습_2

1.
  1) ⓔ
  2) ⓒ
  3) ⓓ
  4) ⓑ
  5) ⓐ

2.
  1) 결과물을
  2) 검토를
  3) 거론이
  4) 결핍
  5) 계기가
  6) 견해를
  7) 객관화

3.
  1) 게재됩니다
  2) 결합하면
  3) 고정적인
  4) 검증되었으므로
  5) 고찰한
  6) 고취시키기 위해
  7) 거시적으로

어휘 활용 연습_3

1.
  1) ⓔ
  2) ⓓ
  3) ⓐ
  4) ⓒ
  5) ⓑ

2.
  1) 관점
  2) 과정을
  3) 교양
  4) 관용
  5) 과제를
  6) 교과목
  7) 과업은

3.
  1) 관여합니다
  2) 구성되어 있습니다
  3) 구축해야 합니다
  4) 구현했습니다
  5) 구체적인
  6) 광범위하게

어휘 활용 연습_4

1.
  1) ⓓ
  2) ⓒ
  3) ⓔ
  4) ⓑ
  5) ⓐ

2.
  1) 단기
  2) 규정을
  3) 긴밀성을
  4) 근거가
  5) 단위, 단위
  6) 기반을
  7) 기존
  8) 규명이

9) 논문을
10) 논란이

3.
1) 극대화하는 것입니다
2) 근본적인
3) 논의해야 합니다
4) 나열하려면

어휘 활용 연습_5

1.
1) ⓔ
2) ⓒ
3) ⓓ
4) ⓑ
5) ⓐ

2.
1) 동향이
2) 동시
3) 동의
4) 동질성
5) 도달
6) 대안이
7) 대상을

3.
1) 대등하다고
2) 도약할 것입니다
3) 대비됩니다
4) 대체했습니다
5) 달성하기
6) 대등적 관계를
7) 당면한

어휘 활용 연습_6

1.
1) ⓑ
2) ⓒ
3) ⓔ
4) ⓓ
5) ⓐ

2.
1) 목록
2) 맥락을
3) 문헌
4) 매체, 매체를
5) 머리말을
6) 명분
7) 맺음말
8) 모형을
9) 명칭은
10) 등

3.
1) 모색하고 있습니다
2) 명시하고 있습니다
3) 매개하는

어휘 활용 연습_7

1.
1) ⓔ
2) ⓒ
3) ⓐ
4) ⓓ
5) ⓑ

2.
1) 법규를
2) 범위는

3) 방법론, 방법론, 방법론
4) 변수로
5) 미시적

3.
1) 발췌하여
2) 배열해야 합니다
3) 발행되는
4) 배양하고 있습니다
5) 미흡합니다
6) 발간하
7) 반영하

어휘 활용 연습_8

1.
1) ⓐ
2) ⓔ
3) ⓓ
4) ⓑ
5) ⓒ

2.
1) 보고서를
2) 본론
3) 부여가
4) 보편적으로
5) 본격적으로
6) 변인, 변인
7) 분포를
8) 본질이

3.
1) 부각되고 있습니다
2) 분류하는
3) 분산시키기
4) 부합되지, 부합되도록
5) 별첨되어

6) 부연하겠습니다
7) 변형시키

어휘 활용 연습_9

1.
1) ⓑ
2) ⓐ
3) ⓔ
4) ⓒ
5) ⓓ

2.
1) 사고
2) 상관성이
3) 빈도가
4) 상호
5) 비중을
6) 상위
7) 설문
8) 사례를
9) 성과를

3.
1) 선정되었습니다
2) 상이할 수 있으므로
3) 상세화해야 합니다
4) 세부적으로
5) 삽입합니다
6) 상정하기로 했습니다
7) 설정하는

어휘 활용 연습_10

1.
1) ⓑ
2) ⓔ

3) ⓐ
4) ⓒ
5) ⓓ

2.
1) 수용이
2) 실질적으로
3) 속성을
4) 수요가
5) 시각을
6) 실증적인
7) 세분화

3.
1) 수강해야 합니다
2) 수학한
3) 순환하는
4) 시사하고 있습니다
5) 신장시키는
6) 수행하
7) 수립되었습니다

어휘 활용 연습_11

1.
1) ⓔ
2) ⓒ
3) ⓓ
4) ⓐ
5) ⓑ

2.
1) 심도
2) 양상을
3) 여부를, 여부를
4) 역량은
5) 실험적으로
6) 실태를

7) 언어적
8) 실험적

3.
1) 약화되었습니다
2) 양성하는
3) 심화되고
4) 언급하고
5) 실현시키기

어휘 활용 연습_12

1.
1) ⓑ
2) ⓓ
3) ⓐ
4) ⓔ
5) ⓒ

2.
1) 연관이
2) 요람을
3) 용어를
4) 역점을
5) 영역이
6) 원형을
7) 요소를
8) 외연을

3.
1) 열거해 보기
2) 요약한
3) 완결되었습니다
4) 연계되어 있
5) 원용할
6) 예측해

어휘 활용 연습_13

1.
1) ⓓ
2) ⓒ
3) ⓑ
4) ⓔ
5) ⓐ

2.
1) 유형을
2) 위상은
3) 이중
4) 위탁
5) 위계화
6) 인과
7) 인식이
8) 이외
9) 유기적
10) 의외
11) 인용을
12) 인적

3.
1) 원활하게
2) 유도하는
3) 이바지했습니다
4) 유용합니다
5) 이수해야 합니다
6) 의식하지 못할
7) 유사해서

어휘 활용 연습_14

1.
1) ⓑ
2) ⓐ
3) ⓒ
4) ⓔ
5) ⓓ

2.
1) 자체가
2) 인지적
3) 인증을
4) 작문
5) 인프라를
6) 쟁점
7) 일차적
8) 잠재적
9) 일관성
10) 일련

3.
1) 입각하여
2) 일컫습니다
3) 인접한
4) 작성하여
5) 작용하는
6) 재구성되었습니다

어휘 활용 연습_15

1.
1) ⓐ
2) ⓔ
3) ⓑ
4) ⓓ
5) ⓒ

2.
1) 전략이
2) 전반적으로
3) 정규
4) 전형적
5) 정립이
6) 정체성을
7) 전자
8) 점진적으로
9) 접근성이
10) 전환

3.
1) 정형화되어
2) 적용되어야
3) 정의해 보십시오
4) 정정해 달라고
5) 접하면
6) 접속하
7) 저해하고 있습니다

어휘 활용 연습_16

1.
1) ⓒ
2) ⓐ
3) ⓓ
4) ⓑ
5) ⓔ

2.
1) 주요
2) 조직을, 존재
3) 주도
4) 제고를
5) 조정을
6) 주류와
7) 중복

3.
1) 제시하는
2) 조망해
3) 제약하는
4) 주지하고 있는
5) 제정된 지

6) 제기하여 주시기

어휘 활용 연습_17

1.
1) ⓓ
2) ⓐ
3) ⓔ
4) ⓑ
5) ⓒ

2.
1) 증진을
2) 집행
3) 질적
4) 진흥을
5) 차원
6) 중점을
7) 참고문헌
8) 지침
9) 직접적
10) 직관
11) 창출과

3.
1) 지향하는
2) 지적해 줄
3) 지속되고 있습니다
4) 직결됩니다
5) 집적되어야
6) 참조하여
7) 증대되어

어휘 활용 연습_18

1.
1) ⓐ
2) ⓔ
3) ⓓ
4) ⓑ
5) ⓒ

2.
1) 체계는, 체계
2) 척도가
3) 초점을
4) 체제가
5) 추상적
6) 총
7) 총괄

3.
1) 추구하면서
2) 채택되면
3) 총칭하여
4) 추출하여
5) 첨부해야 합니다
6) 추론해 보십시오
7) 추진해 왔습니다
8) 촉진시키기

어휘 활용 연습_19

1.
1) ⓒ
2) ⓓ
3) ⓔ
4) ⓑ
5) ⓐ

2.
1) 커리큘럼은
2) 층위
3) 토대를
4) 측면
5) 통합적
6) 충족
7) 통일성이
8) 토의를

3.
1) 타당한
2) 취약했는데
3) 축적되어
4) 통제하는, 통제하는
5) 탐독하
6) 통합되었지만, 통합되지 않았습니다
7) 탐색하여

어휘 활용 연습_20

1.
1) ⓒ
2) ⓓ
3) ⓐ
4) ⓔ
5) ⓑ

2.
1) 특수성을
2) 프레젠테이션을
3) 패러다임, 패러다임으로
4) 특수
5) 편중
6) 특강이
7) 편찬
8) 판정을
9) 틀
10) 특정

3.
1) 포괄하는

2) 파악하기 위해
3) 표방하고
4) 필기하는
5) 특수한
6) 표준화하는
7) 투입해도
8) 특화된

어휘 활용 연습_21

1.
1) ⓓ
2) ⓐ
3) ⓒ
4) ⓑ
5) ⓔ

2.
1) 한계를
2) 함양과
3) 필자

4) 학부를
5) 항목이
6) 학기
7) 학습자
8) 하위
9) 학술

3.
1) 학문적인
2) 합리적인
3) 한정된
4) 필수적인
5) 필연적인

어휘 활용 연습_22

1.
1) ⓑ
2) ⓐ
3) ⓔ
4) ⓒ

5) ⓓ

2.
1) 현황을
2) 현지
3) 협의
4) 확립을
5) 후속
6) 향상
7) 향후

3.
1) 효율적으로
2) 확정적입니다
3) 획일적인
4) 확보하기
5) 현재적인
6) 활용하는
7) 해당되지 않습니다
8) 확장함

문법 활용 연습 정답

1. [명]껏

1. 기껏
2. 실컷 / 맘껏 / 한껏
3. 한껏, 맘껏
4. 양껏 / 맘껏 / 실컷
5. 정성껏
6. 힘껏
7. 일껏 / 기껏

2. [동]ㄹ/을 걸 그랬다

1. 할 걸 그랬어요.
2. 잘 걸 그랬어요.
3. 출발할 걸 그랬어요.
4. 운동을 할 걸 그랬어요.
5. 까불, 조심할 걸 그랬어.

3. [동]다시피

1. 울다시피
2. 살다시피
3. (밥을 거의) 굶다시피
4. 출근하다시피
5. 지각할까 봐, 뛰다시피

4. [동]기(가) 일쑤이다

1. 잃어버리기 일쑤입니다.
2. 포기하기 일쑤입니다.
3. 넘어지기 일쑤입니다.
4. 피해를 입기 일쑤입니다.
5. 배우, 넘어지기 일쑤였습니다.

5. [동]자면

1. 밝자면
2. 장만하자면
3. 얻자면
4. 돌아가자면/귀향하자면
5. 연습하자면 연습 공간이 따로 필요해요.

6. (아무리/비록) [동/형]ㄹ/을망정
   (아무리/비록) [명]일망정

1. 바쁠망정
2. 떨어졌을망정
3. 먹을 게 없을망정
4. 자기 자식일망정
5. 비록 실력은 부족할망정 최선을 다해 좋은 결과를 얻고 싶습니다.

7. [동/형]거니와
   [명]거/이거니와

1. 안 좋거니와
2. 말하거니와/부탁하거니와
3. 많거니와
4. 말하거니와
5. 네, 제 친구는 얼굴도 예쁘거니와 마음씨도 아주 따뜻합니다.

8. [동]ㄴ/는답시고

1. 화장을 한답시고
2. 한답시고, 결과가 좋지 않아요.
3. 일어난답시고
4. 읽는답시고
5. 아침마다 운동을 한답시고 계획을 세웠지만 게을러서 못하고 있어요.

9. [동]되

1. 하되
2. 먹되
3. 놀되
4. 했으되
5. 열심히 공부하되 밤을 새우지는 마세요.

10. [동]자니

1. 먹자니
2. 생활하자니/살자니
3. 아르바이트를 하자니/생활비를 벌자니
4. 말을 하자니 기분이 언짢았어요.
5. 1년만 공부하고 대학에 가자니 걱정이에요.

11. (아무리) [동]ㄴ/는댔자
(아무리) [형]댔자

1. 든댔자
2. 마신댔자
3. 춥댔자
4. 아름답댔자
5. 아르바이트를 한댔자

12. [동/형]아/어/여서야

1. 도착해서야
2. 많아서야
3. 초콜릿을 좋아해서야
4. 추워서야
5. 성격이 그렇게 소심해서야 어디 큰일을 할 수 있겠니?

13. [동]ㄹ/을세라

1. 감기에 걸릴세라
2. 회사에 늦을세라
3. 날아갈세라
4. 걱정하실세라
5. 한국어능력시험에 떨어질세라 요즘 정말 열심히 공부하고 있어요.

14. [동/형]거들랑
[명]거/이거들랑

1. 도착하거들랑
2. 중요한 일이 아니거들랑
3. 김치를 싫어하거들랑 먹지 마세요.
4. 여자 친구가 있거들랑
5. 가족들 얼굴을 보고 싶거들랑

15. [동]ㄴ/는다기에
[형]다기에
[명]라/이라기에

1. 비가 온다기에
2. 날이 많이 추워진다기에
3. 저하고 고향이 같다기에
4. 친한 친구가 고향으로 돌아간다기에 슬퍼서 그래요.
5. 갑자기 귀한 손님이 방문하신다기에 대청소를 하는 거예요.

16. (아무리/비록) [동/형]기로서니
(아무리/비록) [명]기/이기로서니

1. 덥기로서니
2. 잘못을 했기로서니
3. 아무리/비록 살인을 했기로서니 무조건 사형에 처하는 것은 좀 지나칩니다.
4. 돈이 아무리/비록 많기로서니
5. 아무리/비록 컴맹이기로서니 '페이스 북'을 할 줄 몰라서야 요즘 젊은이라고 말할 수 있겠어요?

17. [동]ㅁ/음에 따라(서)

1. 시간이 지남에 따라서
2. 나이가 많아짐에 따라서
3. 횟수가(시간이) 늘어남에 따라
4. 주5일제가 시행됨에 따라 주말마다 여행을 가는 사람들이 많아져서 그래요.
5. 출산율이 줄어듦에 따라 학생 모집에 어려움이 많아요.

18. [동]는 대로

1. 될 수 있는 대로/일어나는 대로
2. 될 수 있는 대로/받을 수 있는 대로
3. 사 달라는 대로
4. 지도에 있는 대로 우회전을 해서 쭉 가시면 됩니다.
5. 주는 대로, 줄 수 있는 대로 많이 주지 말고 조금씩 줄여서 줘 보세요.

19. [동/형]ㄴ/은 나머지

1. 먹으면서 생활한 나머지
2. 모두 써 버린 나머지
3. 너무 매운 나머지
4. 기름 값이 많이 오른 나머지
5. 너무 기쁜 나머지 우는 겁니다.

20. [동/형]기만 하면(야)

1. (꾸준히) 노력하기만 하면야
2. 잘하기만 하면야
3. 참석하기만 하면야
4. 졸업하기만 하면야
5. 열심히 공부하기만 하면야

21. (아무리) [동/형]ㄴ/은들
(아무리) [명]인들

1. 공부를 잘한들
2. 깊은들
3. 소문이 빠른들
4. 인구가 많은들
5. 큰 도시인들 상하이만 하겠습니까?

22. [동/형]ㄹ/을뿐더러

1. 공부도 아주 잘할뿐더러 마음씨도 아주 고운 친구예요.
2. 축구 실력도 뛰어날뿐더러 지칠 줄 모르고 뛰는 선수예요.
3. 친절할뿐더러 매우 열심히 일합니다.
4. 리듬이 경쾌할뿐더러 춤도 아주 멋집니다.
5. 배우기 쉬울뿐더러 사용하기에도 편리합니다.

23. (아무리/비록) [동/형]ㄹ/을지라도
(아무리/비록) [명]일지라도

1. 아름다울지라도
2. 아무리 장애가 있을지라도
3. 예쁠지라도
4. 비록 건강할지라도 규칙적으로 운동하세요.
5. 똑똑할지라도 이 문제는 풀기 어려울 걸요.

24. [동]는 가운데
[형]ㄴ/은 가운데

1. 참석한 가운데
2. 이렇게 시끄럽고 어수선한 가운데(에서도) 공부하는 걸 보니까
3. 소수의 인원이 반대를 하는 가운데 김 대리 님의 안건이 통과되었어요.
4. 가족들 모두 건강한 가운데 자기가 하고 싶은 일을 하는 거라고 생각해요.
5. 등장인물의 심리나 감정을 표현하는 가운데 대사를 행동으로 연기하는 거예요.

25. [동]는가 하면

1. 정시에 출발할 때가 있는가 하면 그렇지 않은 때도 있어요.
2. 먹고 오는 날이 있는가 하면 그렇지 않은 날도 있어요.
3. 강추위가 며칠간 계속되는 경우가 있는가 하면 가끔 따뜻한 날이 계속되는 경우도 있어요.
4. 어떤 사람들은 바다로 가는가 하면 어떤 사람들은 산이나 계곡으로 가요.
5. 그런 사람도 있는가 하면 회사를 옮겨 다니는 사람도 있어요.

26. [동]ㄴ/는다 치더라도
[형]다 치더라도

1. 손해 본다 치더라도 계속할 거예요.

2. 겉모습(얼굴)은 아름답다 치더라도
3. 가격이 비싸다 치더라도
4. 몸은 멀리 떨어져 있다 치더라도 마음만은 행복합니다.
5. 6시가 넘었다 치더라도 하던 일은 끝내고 퇴근해야지요.

27. [동/형]ㄹ/을 성싶다

1. 차가 많이 막힐 성싶군요.
2. 그때까지는 어려울 성싶군요.
3. 기온이 내려갈(떨어질) 성싶군요.
4. 길러주는 것이 좋을 성싶어서
5. 월요일이라서 학생들이 힘들어 할 성싶군요.

28. [동/형]ㄹ/을 리(가) 만무하다
   [명]일 리(가) 만무하다

1. 개교기념일은 휴일인데 수업이 있을 리 만무해요.
2. 그분은 요즘 정말 바쁘기 때문에 노래방에 갈 리 만무해요.
3. 학생들이 그 말을 믿을 리 만무해요.
4. 그 사람은 아르바이트로 생활하고 있는데 부자일 리 만무해요.
5. 그분은 정직한 분인데 사기를 치고 도망을 갔을 리 만무해요.

29. [동]려니/으려니 하다/생각하다

1. 아직은 어리니까 그러려니 생각하세요.
2. 쉬운 일이니까 충분히 해내려니 생각하세요.
3. 좋은 날도 오려니 하세요.
4. 좀 있으면 들어오려니 생각하세요.
5. 바빠서 전화를 못하려니 생각하세요.
6. (생략)

30. [동]게끔

1. 그럼, 모두들 회의에 참석하게끔
2. 우선 피로가 풀리게끔 푹 쉬세요.
3. 피해가 없게끔/피해를 최소화할 수 있게끔
4. 아침을 먹을 수 있게끔
5. 숙제를 빨리 하게끔 엄마가/내가 잘 타이를게.

31. [동/형]더라도

1. 스키를 타더라도 안전사고에 주의하세요.
2. 안 돼요. 다른 일이 급하더라도 보고서부터 제출하세요.
3. 놀러 가더라도 시험공부는 하고 가!
4. 8시까지 오더라도 여권은 꼭 가지고 오세요.
5. 살을 빼더라도 굶지는 마세요.

32. [동]ㄹ/을 바에야

1. 결석할 바에야
2. 한국어 공부를 계속 못 할 바에야 귀국하는 게 나아요.
3. 이렇게 혼자 공부할 바에야 학원이라도 다니는 게 낫겠어요.
4. 명품에 목을 맬 바에야 안 사는 게 나아요.
5. 부모님이 반대하는 유럽 배낭여행을 할 바에야 차라리 국내여행을 하는 게 낫겠어요.

33. [동/형]다 보면

1. 힘들어도 하다 보면 더 잘하게 될 거예요.
2. 바쁘게 생활하다 보면 정말 그래요.
3. 계속 가다 보면
4. 한국 문화를 자주 접하다 보면 자연히 한국어를 배우고 싶어지지요.
5. 성공할 수 있다고 확신하다 보면 그만큼 성공할 가능성도 커지기 마련이에요.

34. [동]ㄹ/을라치면

1. 마음먹고 빨래라도 할라치면 꼭 비가 와요.
2. 필요할 때 쓸라치면 찾기가 어려워요.
3. 독서라도 할라치면 급한 일이 생기네요.
4. 외출이라도 좀 할라치면 차 키를 놓고 나오기 일쑤예요.
5. 열심히 살아볼라치면 안 좋은 일들이 자꾸만 생기는 것 같아요.

35. (아무리/비록) [동/형]ㄹ/을지언정
(아무리/비록) [명]일지언정

1. 아무리 말하라고 할지언정 절대로 발설하지 않겠습니다.
2. 저 어머니는 아무리 굶을지언정 자녀 교육에는 돈을 아끼지 않아요.
3. 아무리 배가 고플지언정 남을 속이는 일은 하지 않아요.
4. 아무리 시간이 많이 걸릴지언정
5. 아무리 날씨가 추울지언정 운동선수는 연습을 게을리 하면 안 돼요.

36. [동]ㄴ/는다 싶으면
[형]다 싶으면

1. 몸이 나른하다 싶으면
2. 감기 기운이 있다 싶으면
3. 망설여진다 싶으면 좀 더 신중하게 고민해 보세요.
4. 그렇게 부럽다 싶으면 빨리 결혼하세요.(아내가 조금이라도 힘들어 한다 싶으면 저는 참을 수 없거든요.)
5. 네, 심심하거나 짜증이 난다 싶으면 전화로 수다를 떨면서 스트레스를 푼대요.

37. [동]아/어/여 보건대

1. 한국에서 1년 정도 살아 보건대, 한국은 활기가 넘치는 나라 같아요.
2. 제주도에 가 보건대, 참 아름다운 섬이었어요.
3. 그동안 다녀 보건대, 선생님도 좋고 친구들도 좋네요.
4. 한국 친구들을 사귀어 보건대, 한국 사람들은 정이 많은 것 같아요.
5. 시내버스를 타 보건대, 버스는 전용차선으로 다녀서 생각보다 빠르고 편한 것 같아요.

38. [동]는 이상
[명]인 이상

1. 외국 생활을 하는 이상/ 유학을 온 이상/ 외국인인 이상
2. 도움을 받은 이상 당연히 후배를 도와줘야지요.
3. 회장으로 뽑힌 이상 최선을 다하여 학생들을 위해 봉사하겠습니다.
4. 한턱내겠다고 약속한 이상 한턱낼 겁니다.
5. 사람을 죽인 이상 그 죄를 용서받기는 어렵습니다.

39. [동]면/으면 몰라도
[명]라/이라면 몰라도

1. 스미스 씨가 설득하면 몰라도 제가 설득하면 아마 안 갈 거예요.
2. 휴일이라면 몰라도
3. 먼저 사과하면 몰라도 절대로 내가 먼저 사과하지는 않겠어요.
4. 방학 중이라면 몰라도 학기 중에는 좀 어렵습니다.(특별한 이유가 있으면 몰라도 지금 당장은 어렵습니다.)
5. 한국어 실력이 뛰어난 학생이라면 몰라도 대학 강의를 100% 이해하는 것은 좀 어려울 거예요.

40. [동]ㄹ/을 참이었다

1. 지금 막 출발할 참이었어요.
2. 쉴 참이었어요.
3. 지금부터 청소를 할 참이었어.
4. 안 그래도 지금 막 TV 뉴스를 볼 참이었어요.
5. 그렇지 않아도 일찍 들어갈 참이었어.

41. [동]기 십상이다

1. 몸살 나기 십상이에요.
2. 지각하기 십상이에요.
3. 성인병에 걸리기 십상이에요.
4. 그렇게 과속하다가는 사고 나기 십상이에요.
5. 단축 번호를 잘못 누르면 엉뚱한 사람에게 전화하기 십상이에요.

42. [동]기 나름이다
[명] 나름이다

1. 인터넷 쇼핑도 하기 나름이에요.
2. 가수 나름이에요.
3. 부모도 부모 역할 하기 나름이에요.
4. 친구도 사귀기 나름이에요.
5. 스마트폰도 사용하기 나름이에요. 전화를 걸고 받기만 할 경우에는 굳이 비싼 스마트 폰을 살 필요가 없어요.

43. [동]는지라
[형]ㄴ/은지라
[명]인지라

1. 라면을 좋아하는지라
2. 아침에 해야 할 일이 많은지라
3. 워낙 김치를 즐겨 먹는지라 한 끼라도 거르면 입이 서운해요.
4. 깜빡 잊고 안 가지고 나간 물건이 있는지라
5. 서울은 한국의 수도인지라 항상 차도 많고 사람도 많아요.

44. [동/형]건만
[명]이건만

1. 대학입학시험이건만
2. 잠도 못 자고 보고서를 작성했건만
3. 물가도 비싸서 살기 어렵건만
4. 폭설이 쏟아진다는 보도도 있었건만
5. 여러 번 타일렀건만 또 결석했다니 걱정이군요.

45. [동/형]ㄹ/을진대
[명]일진대

1. 아주 심각할진대
2. 사고가 나기 십상일진대
3. 너무나 잘 알고 있을진대
4. 소중한 생명일진대 함부로 버리면 되겠습니까?
5. 등록금을 스스로 벌기 위해 힘들게 알바를 하는 친구도 많을진대 돈을 흥청망청 쓰면 안 되죠.

46. [동/형]랴/으랴마는

1. 100% 안전하랴마는
2. 추우랴마는
3. 오르랴만
4. 떨어지랴마는
5. 설마 고급반 학생이 길을 잃으랴마는 만약 길을 잃어도 잘 찾아올 거야.

47. [동/형]다 못해

1. 덥다 못해
2. 좋아하다 못해
3. 좋다 못해
4. 서로 참다 못해 한 판 했나 봐요.
5. 생활고를 견디다 못해 자살을 선택한다니 마음이 많이 아파요.

48. [동]기에 앞서(서)
[명]에 앞서(서)

1. 수업을 하기에 앞서(수업에 앞서)
2. 식사를 하기에 앞서(식사에 앞서)
3. 치료를 하기에 앞서(치료에 앞서)
4. 투표를 하기에 앞서(투표에 앞서)
5. 안 돼! 수영을 하기에(수영에 앞서) 반드시 준비 운동부터 해야 해!

49. [동]ㄹ/을 것까지(야) 없다

1. 잠조차 안 잘 것까지야 없
2. 고마워할 것까지야 없어요.
3. 다이어트를 할 것까지야 없
4. 혼내 줄 것까지야 없었는데
5. 그럴 것까지야 있습니까? 이웃사촌이라는 말처럼 사이좋게 지내세요.

50. [동]ㄴ/는다면야
[형]다면야
[명]라/이라면야

1. 도와 달라면야 힘들어도
2. 온다면야 아무리 바빠도

3. 열심히 공부한다면야 졸업을 못할 것도 없지.
4. 포기한다면야
5. 마사코 씨라면야 대환영이지요. 꼭 같이 오세요.

51. [동/형]ㄹ/을 대로 [동/형]아/어/여서

1. 싫증날 대로 싫증나서
2. 쉴 대로 쉬어서
3. 시달릴 대로 시달려서
4. 썩을 대로 썩어서 / 부패할 대로 부패해서
5. 심해질 대로 심해져서

52. [명]로/으로써
　　　[동]ㅁ/음으로써

1. 꿀을 넣음으로써
2. 수집된 증거로써
3. 이번에 다시 도전함으로써
4. 이것으로써
5. 오늘로써

53. [명]라/이라고는

1. 결석이라고는
2. 예의라고는
3. 추위라고는
4. 가진 돈이라고는
5. 세상에! 동생이라고는 하나밖에 없었는데……

54. [명/부]나/이나마

1. 친척들이나마/친구들이나마
2. 전화로나마
3. 늦게나마/이제나마
4. 적으나마
5. 늦게나마

55. [명]로/으로 말미암아

1. 취업난으로 말미암아
2. 흉년 등으로 말미암아
3. 출석점수 미달로 말미암아
4. 지구온난화로 말미암아
5. 통신 수단의 발달로 말미암아

56. [동]는 양
　　　[형]ㄴ/은 양
　　　[명]인 양

1. 결혼이라도 한 양/결혼이라도 하는 양
2. 자기의 부모님인 양
3. 백설공주인 양/공주라도 된 양
4. 공부하기가 싫어서 아픈 양
5. 민수는 마치 자기가 과대표인 양 행동해서 오해를 사곤 해요.

57. [동]는 동시에
　　　[명]인 동시에

1. 말하는 동시에
2. 열리는 동시에
3. 하는 동시에
4. 엄마인 동시에
5. 감상하는 동시에

58. [동]려는/으려는 차에
　　　[동]려는/으려는 차이다

1. 깨우려는 차에
2. 우산을 챙기려는 차였어요.
3. 일찍 자려는 차에 친구에게 전화가 와서 통화가 좀 길어졌어요.
4. 출발하려는 차에
5. 영화 보러 가려는 차에 잘 됐네요.

59. [동/형]ㅁ/음에도 (불구하고)
　　　[명]임에도 (불구하고)

1. 약속을 했음에도 불구하고
2. 어려움에도 불구하고
3. 고등학생임에도 불구하고
4. 위험함에도 불구하고
5. 열심히 연습했음에도 불구하고 잘 못할까 봐 긴장이 많이 돼요.

60. [명]로/으로 하여금

1. 나로 하여금
2. 북한으로 하여금
3. 선수들로 하여금
4. 아이들로 하여금
5. 우리들로 하여금

61. [명1] 못지않게 [명2]도

1. 서울 못지않게 부산도 인구가 많아요.
2. 화가 못지않게 그림을 아주 잘 그려요.
3. 봄 못지않게 가을도 좋아해요.
4. 좋은 대우 못지않게 자신의 꿈과 적성도 중요하다고 생각해요.
5. 음식문화 못지않게 복식문화에도 큰 차이점이 있는 것 같습니다.
   - 전통적인 유교문화가 강하게 남아 있는 것 못지않게 가족이나 조직을 중요시하는 것도 공통점이라고 생각해요.

62. [동]ㄴ/는다 한들
[형]다 한들

1. 아무리 사랑한다 한들
2. 진실을 말한들
3. 겉모습이 아무리 아름답다한들
4. 9시인데 아무리 택시를 타고 빨리 간다 한들
5. 아무리 맛있는 음식을 만들어 주고, 좋은 옷을 입힌다 한들 자녀의 말에 귀 기울이며 사랑과 관심을 갖지 않으면 훌륭한 부모가 되기는 어렵다.

63. [동/형]건 (간에)

1. 얼마나 배가 고프건 간에
2. 무엇을 하건 간에
3. 파리가 무엇을 먹건 간에
4. 어떤 상을 타건
5. 어느 분이 오시건 간에 우리는 열심히 근무하면 됩니다.

64. [동]ㄴ/는다기보다(는)
[형]다기보다(는)
[명]라/이라기보다(는)

1. 잘 먹는다기보다는
2. 가까운 사이라기보다는
3. 일(업무)이라기보다는
4. 식사를 한다기보다는/밥을 먹는다기보다는
5. 반장이라서 그렇다기보다는 민수는 원래부터 공부를 잘 했어요.

65. [동]는 둥 마는 둥 하다

1. 잠을 자는 둥 마는 둥 했어.
2. 첫 시간 수업을 듣는 둥 마는 둥 하고 집으로 돌아갔어.
3. 별로 재미없어서 보는 둥 마는 둥 했어요.
4. 청소는 하는 둥 마는 둥 했어요.
5. 강연 내용이 너무 어려워서 듣는 둥 마는 둥 했어요.

66. [동/형]ㄹ/을 법도 하다

1. 잠을 많이 잘 법도 합니다.
2. 피곤할 법도 합니다.
3. 사고가 많이 날 법도 하네요.
4. 아주 열심히 공부했으니까 장학금을 받을 법도 하지요.
5. 그 아저씨는 술고래일 뿐만 아니라 골초였으니까 암에 걸릴 법도 해요.

67. [동/형]겠거니 하다
[명]이겠거니 하다

1. 당연히 비가 오겠거니 하고
2. 남한과 북한은 하나의 민족이니까 언젠가는 통일이 이루어지겠거니 하고
3. 고급반 시험이니까 어렵겠거니 하고
4. 교통이 막히겠거니 하고/조금 늦겠거니 하고
5. 회사의 영업 실적이 매우 좋으니까 당연히 보너스가 나오겠거니 하고 기다려 봅시다.

68. [동]느니만 못하다

1. 차라리 소식하느니만 못해요.
2. 베껴서 내는 것은 (차라리) 안 내느니만 못해요.
3. 운동을 지나치게 해서 그러니까 도리어 운동을 안 하느니만 못해요.
4. 유학을 와서 결석만 하는 것은 (차라리) 유학을 오지 않느니만 못해요.
5. 싫어. 본 영화 또 보는 것은 그냥 잠을 자느니만 못해.

69. [동]는 게 고작이다

1. 물건을 파는 게 고작이었어요.
2. 하루에 겨우 한 끼 정도만 먹는 게 고작이래요.
3. 하루 종일 앉아 있어도 20~30여 명의 사람을 보는 게 고작일 것 같아요.
4. 달랑 이름만 아는 게 고작이에요.
5. 아니요, 겨우 단어 몇 개 찾는 게 고작이에요.

70. [동]겠다니

1. (열심히) 공부하겠다니
2. 해결 방법을 찾아보겠다한번니
3. 요리를 해보겠다니
4. 재수를 하겠다니
5. 믿을 수 없지만 자기가 빼겠다니 지켜봅시다.

71. [동/형]련/으련마는

1. 좋으련마는/쭉쭉 좋아지련만
2. 덜 추우련마는/안 추우련만
3. 발표하면 좋으련마는
4. 따뜻한 차라도 한잔 마시면 좋으련만!
5. 요즘 굶어 죽을 지경이에요. 수입이 짭짤한 알바 자리라도 있으면 형편이 좀 피련마는 그런 자리는 눈 씻고 찾아봐도 없네요.

72. [동]건 말건

1. 먹건 말건
2. 남들이 보건 말건
3. 게임에 중독되건 말건
4. 귀가하건 말건
5. 국가와 국민들이야 어떻게 되건 말건

73. [동/형]기만 하다

1. 울기만 해서
2. 괴롭기만 합니다. / 힘들기만 해요.
3. 웃기만 하고 대답을 못했습니다.
4. 열심히 공부하고 있어서 그런지 조용하기만 하던데요.
5. 연세도 많으신데 앞으로 건강하시기만 하면 더 이상 바랄 게 없습니다.

74. [동/형]ㄹ/을 턱이 있다/없다

1. 알 턱이 없어요.
2. 물가가 내릴 턱이 있나요?
3. 속일 턱이 있나요?
4. 평범한 여성들이 눈에 들어올 턱이 있겠습니까?
5. 편식하는데 몸이 건강할 턱이 없지요.

75. [형]기(가) 이를 데(가) 없다

1. 많기 이를 데 없었어요.
2. 어렵기 이를 데 없었어.
3. 복잡하기가 이를 데 없어서 길 찾는데 애 많이 먹었어요.
4. 기분이 상쾌하기가 이를 데가 없군요.
5. 행복하기 이를 데 없습니다.

76. [동]는 한편 / [형]ㄴ/은 한편

1. 근무를 하는 한편, 퇴근 후 다른 일자리에서 일을 하고 있는 경우를 이르는 말이야.
2. 열심히 하는 한편, 규칙적으로 운동도 꾸준히 하고 있으
3. 전화를 하는 한편, 편지도 자주 써요.
4. 생활비를 줄이는 한편 알바 자리를 찾아보고 있어요.
5. 네, 그래서 직접 애완견을 기르는 한편 애완동물 카페를 개설하려고 준비하고 있습니다.

77. [동]는 탓에
　　[형]ㄴ/은 탓에

1. 아픈 탓에
2. 교통사고를 당한 탓에
3. 도로가 미끄러운 탓에 사고가 컸다고 해요.
4. 전쟁이 일어난 탓에 수많은 가정의 가족들이 헤어질 수밖에 없었어요.
5. 3년 동안 사귀던 여자 친구와 헤어진 탓에 그 동안 많이 힘들었나 봐요.

78. [동]고 나니(까)

1. 한국어능력시험 6급에 합격하고 나니까
2. 떠나고 나니까
3. (고향을) 떠나고 나니까
4. 헤어지고 나니 기분이
5. 고마워요. 아빠/엄마가 되고 나니까 정말 행복해요.

79. [동/형]므/으므로
　　[명]이므로

1. 실력이 뛰어나므로
2. 올랐으므로
3. 매사에 최선을 다하므로
4. 고우므로/착하므로
5. 아니므로

80. [명]이니만큼
　　[동/형]니/으니만큼

1. 졸업반이니만큼
2. 추천하느니만큼
3. 서른 살이니만큼/결혼적령기가 지나느니만큼
4. 성격이 좋으니만큼
5. 이기적인 사람이니만큼 경계를 하는 것도 당연해요.

81. [동]건대

1. 제가 짐작하건대 초급반 친구들이 아마 1등 할 것 같아요.
2. 제가 판단하건대 미국과 중국은 경제적으로 더욱 가까운 관계가 될 거예요.
3. 아주 중요한 모임이니까 제가 추측하건대 안 가면 안 될 것 같아요.
4. 제가 보건대 국제 유가가 많이 하락했으니까 아마 경기도 차츰 좋아질 거예요.
5. 엄마가 생각하건대 친구와 싸웠으니까 선생님께서 혼낸 건 당연해.

82. [명]다/이다마는
　　[동/형](ㄴ/는)다마는

1. 계절은 겨울이다마는
2. 컴퓨터를 산 지 5년이 되었다마는 아직도 사용하는 데는 전혀 문제가 없어.
3. 빨간 옷이 예쁘기는 하다마는 그 옷은 너무 화려해서 안 어울려.
4. 그게 큰 장점이기는 하다마는 여러 나라 학생들과 잘 어울리지 않으면 무슨 소용이 있겠니?
5. 일본어를 잘하시는 분이 한둘이 아니다마는 갑자기 그건 왜 묻니?

83. [명]라/이라든가
　　[동]ㄴ/는다든가

1. 축구라든가 농구 등 모든 운동을 좋아하는 편이에요.
2. 음악을 듣는다든가 영화를 본다든가 해요.
3. '친절'이라든가 '김치'라든가 여러 가지가 아주 인상적이에요.
4. 베컴이라든가 타이거 우즈라든가 여러 사람이 있잖아요.
5. 저는 보통 청소를 한다든가 운동을 해요.

84. [명1]라/이라느니 [명2]라/이라느니
　　[동1]ㄴ/는다느니 [동2]ㄴ/는다느니
　　[형1]다느니 [형2]다느니

1. 과일이라느니 채소라느니 서로 의견이 달라요.
2. 스미스 씨가 인기가 많다느니 다니엘 씨가 인기가 더 많다느니

3. 송혜교 씨가 제일 예쁘다느니 김태희 씨가 제일 예쁘다느니 말들이 많지만, 저는 이영애 씨가 제일 예쁜 것 같아요.
4. 참외가 맛있다느니 수박이 맛있다느니 사람들의 입맛에 따라 서로 의견이 달라요.
5. 보통은 돈이 있다느니 없다느니 걱정이 많으시지만, 무엇보다도 가족들의 건강을 제일 걱정하고 계세요.

85. [동]고(서)도

1. 네, 열심히 공부하고(서)도 시험에 떨어져서 마음이 정말 아파요.
2. 듣고(서)도 깜빡 잊을 때가 많아요.
3. 몸살이 나서 그런지 많이 자고(서)도 잠을 못 잔 것처럼 피곤하네요.
4. 도와주고(서)도 좋은 소리를 못 듣는데 뭐 하러 도와줍니까?
5. 네, 다섯 잔을 마시고(서)도 계속 목이 마르네요.

86. [동/형]더(라)만

1. 나는 쉽더라만(쉽기만 하더라만) 왜 어렵다고 하는지 이해할 수가 없네.
2. 컴퓨터 게임은 잘하더라만 공부는 왜 못하는지 이해할 수가 없네.
3. 다른 사람들은 취직도 잘하더라만 당신 누님은 눈이 너무 높은 것 아니에요?
4. 출근시간이 지나서 도로가 한산하더라만 약속시간을 지킬 수 없으니까 핑계를 대는 것 같군요.
5. 내가 보기에는 예쁘더라만(예쁘기만 하더라만) 네 마음에 안 들면 반품해야지, 뭐.

87. [동]는 까닭에
   [형]ㄴ/은 까닭에

1. 문화연수를 다녀온 까닭에 많이 피곤해서 그럴 거예요.
2. 네, 인기가 많은 까닭에 해외 공연도 자주 해요.
3. 네, 두 사람은 마음이 잘 맞는 까닭에 같이 사업을 해도 아마 크게 성공할 게예요.
4. 미국에서 유학생활을 한 까닭에 미국에서 취직해서 살고 싶다고 했어요.
5. 항상 예습과 복습을 열심히 한 까닭에 한국어를 잘 할 수 있게 되었어요.

88. [동]노라면

1. 책을 읽노라면 가끔 그럴 때도 있지만 항상 그런 것은 아니에요.
2. 같이 생활하노라면 불편한 경우도 있지만 오히려 재미있는 경우도 많아요.
3. 한국 드라마를 보노라면 우는 경우가 많아요.
4. 힘들지만 숙제를 점검하노라면 학생들의 실력이 좋아지고 있는 걸 알 수 있어서 오히려 기뻐요.
5. 네, 봉사활동을 하노라면 다른 사람에 대한 존중심과 이해심, 그리고 감사하는 마음과 사랑하는 마음을 배울 수 있어서 좋아요.

89. [동]는 만큼
   [형]ㄴ/은 만큼
   [명]인 만큼

1. 열심히 일을 하시는 만큼
2. 부모님을 뵙지 못한 만큼
3. 기분이 좋은 만큼
4. 시험인 만큼
5. 이번 학기에는 토픽시험에 꼭 합격해야 하는 만큼 걱정도 되고 긴장도 되어 스트레스가 많아요.

90. [동/형]리/으리만치

1. 천천히 걸을 수 있으리만치 좋아졌어요.
2. 되리만치 많이 마셨더군요.
3. 눈물을 펑펑 흘리리만치 슬프더군요.
4. 아무도 호응을 안 하리만치 반응이 시큰둥했어요.
5. 네, 짧은 시간 안에 복구가 어려우리만치 피해가 컸어요.

91. (아무리/비록) [동]ㄴ/는다손 치더라도
    (아무리/비록) [형]다손 치더라도
    (아무리/비록) [명]라/이라손 치더라도

1. 아무리 날씨가 춥다손 치더라도 해야 해요.
2. 떨어졌다손 치더라도 밥을 굶으면 되겠습니까?
3. 모두 반대하다손 치더라도 필요한 일은 반드시 해야 하니까요.
4. 비록 사장님이라손 치더라도 부당한 일은 참을 수 없습니다.
5. 비록 내일 지구가 멸망한다손 치더라도 저는 제가 하던 일을 계속 할 겁니다.

92. [동/형]ㅁ/음직하다

1. 너무 먹음직해서 먹고 말았어요.
2. (너무 으스스해서) 귀신이 나옴직해요.
3. 부지런한 학생들은 벌써 와 있음직해요.
4. 열심히 공부했으니까 이번에는 꼭 합격함직해요.
5. 크게 혼났으니까 말을 잘 들음직해요.

93. [동]는 셈 치다

1. 돈 버리는 셈 치고/시간 때우는 셈 치고 아무거나 한 편 봅시다.
2. 살리는 셈 치고 제발 도와주세요. 이 은혜는 절대로 잊지 않겠습니다.
3. 네, 위험 부담이 크지만 손해를 보는 셈 치고 투자를 했습니다.
4. 자식 하나 없는 셈 치는 게 더 나아요.
5. 그냥 잃어버린 셈 치고 새 핸드폰을 하나 사는 게 나을 것 같아요.

94. [동]는 판에
    [형]ㄴ/은 판에

1. 공부하러 도서관에 가는 판에 축구를 하자는 말이니?
2. 바쁜 판에(정신이 없는 판에) 그 서류를 다시 정리하라는 말입니까?
3. 고급까지 공부하기 어려운 판에 천천히 배우겠다는 말입니까?
4. 중급반 수업을 한 번 더 들어도 부족한 판에 고급반에 가는 것은 무리입니다.
5. 택시를 타고 가도 늦는 판에 버스를 타고 간다는 말입니까?

95. [동]는 것으로 미루어
    [형]ㄴ/은 것으로 미루어

1. 네, 구름이 많고 바람까지 심하게 부는 것으로 미루어 비가 많이 올 것 같군요.
2. 학생들이 많이 결석한 것으로 미루어 생각해 보면 아마 그것 때문에 기분이 안 좋은 것 같군요.
3. 술을 많이 드신 것으로 미루어 아마 오늘 회사에서 안 좋은 일이 있으셨나 봐.
4. 연락이 없는 것으로 미루어 추측해 본다면 아마 아무 일 없이 잘 있는 것 같군요.
5. 안 돼. 너 돈 쓰는 것으로 미루어 보면 다음 달에도 또 부족할 게 뻔해.

96. [동]는바
    [형]ㄴ/은바
    [명]인바

1. 식사를 하는바/ 먹는바
2. 아주 바쁜바
3. 나오지 않은바
4. 불투명한바
5. 부모의 한 사람인바

97. [동/형]았/었/였은즉
    [명]였/이었은즉

1. 밤이 늦었은즉
2. 식사도 끝났은즉 커피라도 한 잔 해야지요.
3. 열심히 연습했은즉 아마 우승할 수 있을 겁니다.
4. 많은 사람들이 노력하고 있은즉 아마 가까운 미래에 세계평화가 실현될 수 있을 겁니다.
5. 열심히 공부했은즉 아마 틀림없이 결과가 좋을 겁니다.

98. [동/형]겠냐마는

1. 불이야 나겠냐마는 그래도 끄고 가는 게 좋아요.
2. 춥겠냐마는 감기에 걸리면 안 되니까 따뜻하게 입고 가!
3. 거짓말이야 하겠냐마는 사람 속은 알 수 없으니까 조심하는 게 좋아.
4. 정말 열심히 공부했다면 떨어지기야 하겠냐마는 시험은 결과를 봐야 정확하게 알 수 있는 거야.
5. 설마 네가 내일도 또 지각하겠냐마는 너무 자신 있게 약속하는 거 아니니?

99. [동/형]거늘
   [명]이거늘

1. 춥거늘 운동을 한다고 그래?
2. 지금 집에 가거늘 너는 왜 조금 있다가 간다고 그러니?
3. 아무나 받을 수 없는 상이거늘 왜 안 기쁘겠니?
4. 물가가 오르면 부자들도 생활하기 힘들거늘 서민들이야 말하면 뭐 하겠습니까?
5. 매일매일 봉사활동을 하시는 분들도 있거늘 한 번 다녀온 봉사활동이 뭐 그리 대단할 게 있겠습니까?

100. [동]는 듯해도
    [형]ㄴ/은 듯해도
    [명]인 듯해도

1. 제가 고기를 잘 먹는 듯해도
2. 보기에는 착한 듯해도
3. 겉으로 보기에는 강한 듯해도 사실은 마음이 아주 여린 애에요.
4. 건강한 듯해도 몸이 약해서 병원에 자주 가는 편이에요.
5. 겉모습만 보면 일본인인 듯해도 사실은 중국인이에요.

101. [동/형]기에 망정이지
    [명]이기에 망정이지

1. 없었기에 망정이지 (하마터면) 알거지가 될 뻔했어.
2. 네. 그렇지만 안 추웠기에 망정이지 추웠다면 모두 감기에 걸릴 뻔했어요.
3. 네. 도와주는 친구들이 있었기에 망정이지 혼자 일을 했더라면 몸살이 날 뻔 했어요.
4. 맞아요. 하지만 미리미리 조금씩이라도 시험 공부를 해놓았기에 망정이지 안 그랬다면 이번 시험을 망칠 뻔 했어요.
5. 네. 미리 가뭄에 대비해 놓았기에 망정이지 농작물 피해가 클 뻔했어요.

102. [형]기 짝이 없다

1. 네. 불과 1개월 만에 최고의 가수가 되었다니 놀랍기 짝이 없어요.
2. 수백 명이 죽었다니 안타깝기 짝이 없군요.
3. 교통사고 때문에 그렇게 많은 사람이 목숨을 잃는다니 무섭기 짝이 없군요.
4. 편하게 쉬지도 못하니까 괴롭기 짝이 없겠군요.
5. 경제가 안 좋다니 우울하기 짝이 없군요.

103. [동/형]ㄹ/을 따름이다
    [명]일 따름이다

1. 무슨 맛인지 모를 정도로 (단지) 매웠을 따름이었습니다.
2. 네. 너무 엄격하셔서 무서울 따름이에요.
3. 겨우 생활비 정도만 벌고 있을 따름이에요.
4. 그저 예습과 복습을 열심히 하고 있을 따름이에요.
5. 시간이 날 때마다 조금씩 하고 있을 따름입니다.

104. [동/형]거나 말거나

1. 네가 쉬거나 말거나 난 계속 할 거야.
2. 친구가 K대학을 지원하거나 말거나 난 내가 가고 싶은 대학을 지원할 거예요.

3. 네, 내일 시험을 보거나 말거나 아르바이트는 계속해야 해요.
4. 이기적인 사람들은 집 앞에 눈이 많이 쌓였거나 말거나 관심이 없는 것 같아요.
5. 비가 많이 오거나 말거나 저는 관심 없어요.

105. [동/형]면/으면 [동/형]았/었/였지

1. 굶으면 굶었지
2. 인기가 많으면 많았지 적지는 않아요.
3. 힘들면 힘들었지 쉽지는 않아요.
4. 지각이니까 혼나면 혼났지 안 혼나지는 않을 거야.
5. 어려우면 어려웠지 쉽지는 않아요.

106. [동]고자

1. 진학하고자 해요./진학해서 더 공부하고자 해요.
2. 좋은 아빠가 되고자 최선을 다 하고 있어요.
3. 해소하고자 갔어요.
4. 이번 시험에 꼭 합격하고자 열심히 한다고 해요.
5. 세우고자(만들고자) 저축을 하고 있어요.

107. [명]은/는 둘째 치고

1. 결혼은 둘째 치고 연애라도 좀 해 봤으면 좋겠어요.
2. 취직은 둘째 치고 다음 주 기말시험 공부부터 해야 해요.
3. 영화는 둘째 치고 밀린 숙제부터 해야 하니까
4. 예습은 둘째 치고 숙제도 다 못 했어.
5. 자동차는 둘째 치고 자건거라도 살 수 있으면 좋겠다.

108. [명1]이건 [명2]이건 (간에)
   [명]이건 아니건 (간에)

1. 아니요. 초급반이건 고급반이건 간에 상관없어요.
2. 낡은 집이건 새집이건 간에 요즘 나오는 집이 없어서 계약하는 게 좋을 거예요.
3. 부자이건 아니건 간에 얼마든지 행복할 수 있습니다.
4. 겨울이건 아니건 간에 계절에 상관없이 먹을 수 있어요.
5. 아버지께서 짠돌이건 아니건 간에 아버지인데 싫어하면 안 돼요.

109. [명]도 [명]려/이려니와

1. 춤도 춤이려니와 노래는 더 잘하는군요.
2. 마음씨도 마음씨려니와 실력도 정말 뛰어나신 분이에요.
3. 숙제도 숙제려니와 단어 예습도 해야 해요.
4. 공부도 공부려니와 지각도 한번 안 할 정도로
5. 얼굴도 얼굴이려니와 마음씨도 아주 좋은 사람이에요.

110. [명]만 하더라도

1. 한국만 하더라도 쓰레기 재활용에 적극적으로 동참하고 있어요.
2. 우리 학교만 하더라도 세계 여러 나라의 많은 학생들이 공부하고 있어요.
3. 소녀시대만 하더라도 세계 여러 나라에서 인기가 아주 많아요.
4. 지난 번 태풍만 하더라도 여러 나라에 큰 피해를 주었어요.
5. 네, 삼성만 하더라도 많은 나라에 다양한 제품을 팔고 있어요.

111. [명]라/이라면 모를까

1. 두 명이라면 모를까
2. 연습을 많이 한 사람이라면 모를까
3. 40분 정도라면 모를까 20분 정도로는
4. 학기 중이라면 모를까 방학 중에는 좀 곤란해요.
5. 5급 실력이라면 모를까 4급 실력으로 90% 이해하는 것은 좀 어려워요.

112. [동/형]아/어/여 봤자

1. 지금 집으로 전화해 봤자 벌써 학교에 갔을

거야.
2. 물론이죠. 매워 봤자 얼마나 맵겠어요?
3. 술을 마셔 봤자 건강만 해치니까 마시지 마.
4. 아무리 추워 봤자, 춥겠어요?
5. 그 사람을 탓해 봤자 꼬인 일이 해결되지는 않으니까 그만 둬.

113. [동]는 한이 있어도
   [동]는 한이 있더라도

1. 쓰러지는 한이 있어도 꼭 출전하고 싶어요.
2. 실패하는 한이 있더라도 저는 제 꿈을 절대로 포기할 수 없습니다.
3. 저의 정치 생명을 거는 한이 있더라도 차기 정권 창출을 반드시 이루어 낼 것입니다.
4. 자심의 목숨을 버리는 한이 있더라도 국가와 민족을 위해 기꺼이 헌신하는 사람입니다.
5. 손해가 나는 한이 있더라도 지금 투자하지 않으면 안 된다고 판단했기 때문입니다.

114. [동]ㄴ/는대서야
   [형]대서야

1. 그 정도로 지쳤대서야 앞으로 큰일을 어떻게 할 수 있겠습니까?
2. 벌써 힘들대서야 어찌 정상까지 올라가겠습니까?
3. 이런 정도로 사업을 포기한대서야 어떻게 성공할 수 있겠습니까?
4. 국민과의 공약을 안 지킨대서야 되겠어요?
5. 길거리에 쓰레기를 버린대서야 어찌 선진국 국민이라고 할 수 있겠습니까?

115. [명]인지라
   [동]는지라
   [형]ㄴ/은지라

1. 막내가 또 말을 안 듣는지라
2. 오늘이 우리의 10주년 결혼기념일인지라 꽃을 좀 샀어.
3. 오늘이 바로 학교 개교기념일인지라 공휴일

이어서 그래요.
4. 그 일은 너무 위험한지라 더 이상 계속하기 어려워서요.
5. 한 번도 자기 잘못을 인정하는 법이 없는지라 자꾸 다투게 돼요.

116. [명]에 의하여

1. 임원 회의에 의해 결정됩니다.
2. 각자의 노력 여부에 의해 결정됩니다.
3. 주변에 있던 사람들에 의해
4. 좋은 가정교육과 학교교육에 의해 훌륭한 인격자가 길러집니다.
5. 최근 국제유가의 상승에 의해서 공산품 가격이 갑자기 폭등하게 되었습니다.

117. [동]는 법이다
   [형]ㄴ/은 법이다

1. 운동을 하면 오히려 건강을 해치는 법이에요.
2. 거짓말도 자주 하면 느는 법이에요.
3. 아기들은 원래 귀여운 법이에요.
4. 여름철 비가 오기 전에는 원래 이렇게 후텁지근한 법이에요.
5. 꼬리가 길면 잡히는 법이지요.

118. [명]을/를 막론하고
   [명1]냐/이냐 [명2]냐/이냐를 막론하고
   [동1]느냐 [동2]느냐를 막론하고
   [형1]냐/으냐 [형2]냐/으냐를 막론하고

1. 요즘엔 계절을 막론하고 여러 가지 과일을 먹을 수 있어요.
2. 한국인이냐 외국인이냐를 막론하고 참가를 희망하는 사람은 누구든지 참가할 수 있어요.
3. 네, 영업부 직원은 누구를 막론하고 모두 참석해야 해요.
4. 얼굴이 예쁘냐 안 예쁘냐를 막론하고, 누구든지 여배우가 될 수 있습니다.
5. 장학금을 받았느냐 안 받았느냐를 막론하고 모든 학생은 등록을 해야 합니다.

119. [동]려/으려 들다

1. 일을 하다보면 참견하려 드는 사람들 때문에 어려울 때가 있어요.
2. 식사를 하기도 전에 아이들이 집어 먹으려 들어서 요리하기가 어렵습니다.
3. 적극적인 학생들은 오히려 자기만 계속 발표하려 드는 경향이 있어요.
4. 개인의 사생활까지 간섭하려 드는 경향이 있어서 스트레스를 받을 때가 있어요.
5. 자꾸 술을 마시려 들어서 걱정이에요.

120. [명]라/이라기보다(는)
[동]ㄴ/는다기보다(는)
[형]다기보다(는)

1. 개구쟁이라기보다는
2. 대학교라기보다는 취업 학원 같은 느낌이에요.
3. 가수라기보다는 영화배우 같아요.
4. 잘 먹는다기보다는 오히려 즐기면서 맛있게 먹고 있어요.
5. 변덕스럽다기보다는 개성이 강한 편인 것 같아요.

121. [동]ㄹ/을 나위(도) 없다
[동]ㄹ/을 나위(도) 없이

1. 더할 나위 없이
2. 물어볼 나위도 없어요.
3. 그 예식장이라면 시설도 좋고 서비스도 좋으니까 고민할 나위도 없어요.
4. 이번 주 토요일이라면 아무런 약속도 없으니까 두 말 할 나위 없이 좋지.
5. 벳푸온천이라면 온천으로 유명한 곳이니까 온천여행지로는 더할 나위 없이 잘 선택하셨군요.

122. [동]는 바와 같이
[동]는 바와 같다

1. 아시는 바와 같이 저는 캄보디아에서 왔습니다.
2. 네가 생각하는 바와 같이 나도 그렇게 생각하고 있어.
3. 말씀하신 바와 같이 이 식당의 냉면 맛은 전국적으로 유명합니다.
4. 기아문제는 네가 생각하는 바와 같이 그렇게 간단한 문제는 아니야.
5. 선생님께서 바라시는 바와 같이 꼭 성공하도록 노력하겠습니다.

123. [동/형]더니만
[명]더/이더니만

1. 엄청 열심히 공부하더니만 드디어 합격했군요.
2. 어제부터 열이 나고 춥다고 하더니만 결국 앓아누웠군요.
3. 어제까지는 바람이 불고 눈까지 내리더니만
4. 어렸을 때는 엄청 까불더니만 커 가면서 얌전해지더군요.
5. 젊었을 때는 매우 정직했는데 나이가 들더니만 점점 도벽이 심해지더군요.

124. [동]는 마당에
[형]ㄴ/은 마당에

1. 떠나는 마당에
2. 전액 장학금을 받은 마당에/보너스를 받은 마당에
3. 결심을 한 마당에
4. 된 마당에
5. 유가도 크게 오른 마당에 걸어 다니는 건 어때요?

125. [동/형]리/으리만큼

1. 말도 못하리만큼
2. 잠도 못자리만큼
3. 창피하리만큼 크게
4. 모두 만점을 받으리만큼
5. 눈물을 줄줄 흘리리만큼 엄청 슬프더군요.

126. [명]을/를 마다하고
[동]는 것을 마다하고

1. 충고를 마다하고
2. 좋아하는 술을 마다하고 곧장
3. 호의를 마다할
4. 좋아하는 아이스크림도 마다하고
5. 친구 분처럼 다른 사람이 가르쳐 주는 걸 마다하고 혼자 공부하기를 좋아하는 사람들도 있어요.

127. [동/형]기로 들면

1. 춥기로 들면
2. 춤 잘 추기로 들면
3. 가기로 들면
4. 먹기로 들면 아무리 맵더라도 2~3인분은 문제없어요.
5. 공부하기로 들면 누구에게도 뒤지지 않는 그런 친구예요.

128. [동]는 반면(에)
[형]ㄴ/은 반면(에)
[명]인 반면(에)

1. 잘하는 반면에
2. 생활은 편한 반면에
3. 활동은 힘든 반면에
4. 키가 큰 반면에, 키가 작아요.
5. 키가 큰 반면에 기술이 부족해서

129. [명1] [명2] 할 것 없이

1. 초급반 고급반 할 것 없이
2. 아시아 유럽 할 것 없이 모두들
3. 남학생 여학생 할 것 없이 모두 함께
4. 노인 젊은이 할 것 없이 모두들 조심해야 해요.
5. 참가한 국가 참가 못 한 국가 할 것 없이 세계 모든 나라에서 응원 열기가 뜨겁습니다.

130. [동]ㄹ/을락 말락 하다

1. 보일락 말락 해요.
2. 될락 말락 한
3. 들릴락 말락 한
4. 잡힐락 말락 하면서도
5. 비가 올락 말락 하면서 잔뜩 흐리기만 합니다.

문법 확인 학습 정답

확인 학습_01

1.
   1) ④   2) ①   3) ④   4) ②   5) ②

2.
   1) ⓓ   2) ⓒ   3) ⓑ   4) ⓐ   5) ⓔ

확인 학습_02

1.
   1) ①   2) ④   3) ①   4) ①   5) ③

2.
   1) ⓔ   2) ⓑ   3) ⓓ   4) ⓒ   5) ⓐ

확인 학습_03

1.
   1) ①   2) ④   3) ③   4) ④   5) ③

2.
   1) ⓑ   2) ⓓ   3) ⓐ   4) ⓒ   5) ⓔ

확인 학습_04

1.
   1) ③   2) ②   3) ①   4) ②   5) ③

2.
   1) ⓔ   2) ⓒ   3) ⓑ   4) ⓐ   5) ⓓ

확인 학습_05

1.
   1) ③   2) ③   3) ②   4) ③   5) ③

2.
   1) ⓐ   2) ⓓ   3) ⓒ   4) ⓔ   5) ⓑ

확인 학습_06

1.
   1) ④   2) ④   3) ④   4) ①   5) ③

2.
   1) ⓒ   2) ⓓ   3) ⓔ   4) ⓑ   5) ⓐ

확인 학습_07

1.
   1) ③   2) ①   3) ③   4) ②   5) ②

2.
   1) ⓑ   2) ⓒ   3) ⓔ   4) ⓓ   5) ⓐ

확인 학습_08

1.
   1) ③   2) ①   3) ③   4) ①   5) ④

2.
   1) ⓒ   2) ⓔ   3) ⓓ   4) ⓑ   5) ⓐ

확인 학습_09

1.
1) ② 2) ③ 3) ① 4) ① 5) ①

2.
1) ⓒ 2) ⓔ 3) ⓑ 4) ⓐ 5) ⓓ

확인 학습_10

1.
1) ② 2) ① 3) ③ 4) ② 5) ④

2.
1) ⓔ 2) ⓒ 3) ⓓ 4) ⓐ 5) ⓑ

확인 학습_11

1.
1) ① 2) ④ 3) ④ 4) ① 5) ②

2.
1) ⓔ 2) ⓓ 3) ⓐ 4) ⓒ 5) ⓑ

확인 학습_12

1.
1) ① 2) ③ 3) ① 4) ② 5) ②

2.
1) ⓒ 2) ⓓ 3) ⓔ 4) ⓑ 5) ⓐ

확인 학습_13

1.
1) ④ 2) ② 3) ④ 4) ③ 5) ①

2.
1) ⓑ 2) ⓓ 3) ⓔ 4) ⓒ 5) ⓐ

어휘 색인

(ㄱ)

가난하다 54
가능성 78, 204
가뭄 108, 213
가입하다 103
가정하다 82
각별히
    각별히 주의하다 136
각오
    각오로 임하다 89, 172
각오하다 150
각자 215
각종 158
간섭 117
간섭하다 81
간판 84
감당을 못 하다 67
감독 113
감상하다 207
감수하다 89
감정 160, 203
강연 119, 208
강의 51, 169
강추위 75, 203
갖다 208
개교기념일 55
개구리 117
개구쟁이 179
개근상 81
개설하다 210
개성 216
개업식 64
거두다
    성공을 거두다 74
거듭 55
거르다
    식사를 거르다 54
거리끼다 112
거미줄
    산 입에 거미줄 치다 158
거절하다 102, 186
거짓 109

건망증 52
건배 100
검거되다 176
검증 175
겁
    겁이 나다 132
겉
    겉으로 213
겉모습 116, 204, 213
게으르다 136, 201
겨를
    겨를이 없다 132
겨울을 나다 173
견디다 61
결근하다 81
결론 114
결산업무 153
결정 71
결합하다 140
결혼적령기 210
겸손하다 56
경계
    경계를 하다 210
경계하다 135
경기(景氣) 123
경리 84
경박하다 77
경시대회 70, 169
경연 54
경제발전 189
경쾌하다 203
경품 69
경향 52
계기 108
계단 147
계약하다 166
고가 76
고객 82
고단하다 68
고되다 185
고민 108
고민하다 108

어휘 색인

고생 144
고성 방가하다 160
고작 49, 209
고집
    고집을 부리다 148, 191
고하 180
곤란하다 76, 104, 185, 215
곧장 217
골초 208
곰곰이 88
공감하다 182
공격 134
공산품 175, 216
공식적 100
공약 37, 100, 173
    공약을 지키다 215
공지하다 113
공짜표 111
공채시험 183
공통점 115, 208
과대표 109, 207
과락자 168
과속 93
과속하다 206
과식 122
과연 138
과음하다 146
과장 117
관련성 94
관리 61, 131
관리비 151
관심 117
광장 102
괴롭히다 179
굉장하다 130
구두쇠 140
구입하다 83
국가정보기관 181
국경일 55
국민 209, 215
군대 149
귀(를) 기울이다 208

귀가하다 127, 209
귀국하다 204
귀찮다 97
귀향하다 201
규칙적 203, 210
그러게 50
그림의 떡 73
극 99
극구 126
    극구 반대 83
극단적 82, 172
극빈 86
근거 95
근래 108
근로자 115
글자 72
금강산 73
급커브(急+curve) 59
급하다 62
긍정적 106
기관(機關) 179
기꺼이 215
기껏 49
기도 124
기름 98, 189
기밀자료 134
기부문화 139
기부하다 112
기상이변 45, 108
기아 216
기아문제 182, 216
기운 92
기증 139
기특하다 124
기한 147
긴장 119, 208
긴장하다 119
길거리 173
길러주다 204
김장철 158
까딱
    손가락 하나 까딱 못 하다 147

어휘 색인

까불다 50, 201, 217
까치발
    까치발을 하다 190
깜찍하다 176
깨
    깨가 쏟아지다 191
깨닫다 66
깨우다 187
꺼내다 154
꼬리 216
꼬마 65
꼬박 59
꼬이다 128, 215
꼴 150
꼽다 187
꽉 129
꾸미다 109
꾸준하다
    꾸준히 94, 203
꾸중
    꾸중을 듣다 149
꿀 105, 207
끊기다 127
끊다
    술을 끊다 186
끊임없이 54
끔찍하다 185
끝내주다 187
끝이 안 보이다 136
끼(니) 107
끼니 54

(ㄴ)

나른하다 205
나름 94
나서다
    집을 나서다 114
나타나다 116
낙후되다 108
난관 95
난리 64
난리를 치다 185

난방 155
난처하다 99
난폭하다 10
날개 돋친 듯 팔리다 120
날쌔다 167
날아가다 133
낡다 149
남북통일 121
남북회담 113
남한 209
낭비벽 67
내버려 두다 127
내외 귀빈 103
내쫓다 150
넘다 163
넘어가다 89
넘어지다 50, 146
녀석 156
노릇 164
논문 100
놀랍다 128
농담 143
농업기술 108
농작물 159, 215
누설하다 86
눈 씻고 찾아보다 106, 209
눈길 93
눈에 들어오다 209
눈요기 150
눈을 낮추다 135
눈을 붙이다 107
눈이 높다 135
눈이 멀다 125
느끼하다 177
느리다 178
늑대 116
늘 143
늘어나다 21, 202
능가하다 168

(ㄷ)

다물다 129

어휘 색인

다발 59
다양하다 138
다정다감하다 134
다짐 89
다치다 146
다투다 140
닥치다 52
단서 57
단수 67
단순하다
    단순히 100
단언하다 137
단장 55
단축 번호 93, 206
달라지다 117
달랑 209
달인 71
답답하다 58, 128, 169
당당하다
    당당하게 53, 81
당연하다 127
당연히 145
당첨 129
당파 싸움 127
닿다 49, 62, 190
대기업 160
대낮 164
대도시 115
대리 203
대립적 75
대립적으로 57
대비하다 213
대사 203
대상 108
대성공 182
대세 59, 94, 103
대소변
    대소변을 가리다 120
대유행 189
대처 52, 167
대청소 64, 202
대통령 117

대표 115
대환영 207
덧붙이다 138
덩달아(서) 134
데뷔하다 105
도둑 176
도둑질 54
도리어 209
도망가다 78
도모하다 180
도벽 183
도전하다 50, 105, 184
독
    독이 들다 149
독감 135
독서량 125
독신 83
독특하다 105
독학하다 83
돌보다 113
동계(冬季) 185
동고동락 133
동문회 181
동영상 110
동작 67
동참하다 168
됨됨이 94
두루 132
두말할 나위 없이 191
두텁다 110
둘러보다 135
뒤엉키다 110
뒤지다 115
뒷전 187
드물다 187
득녀 133
든든하다
    든든하게 64
들음직하다 212
들이붓다 118
들키다 122
등록하다 177, 216

어휘 색인

등장인물 203
따다 69
따로 3, 176, 201
따지다 180
때리다 101
때우다
   시간을 때우다 212
떳떳하다
   떳떳하게 53
뛰어나다 205, 210, 214

(ㄹ)

리스크(risk) 172
립싱크(lip sync) 94

(ㅁ)

마감 95
마다하다 186, 217
마당 114
마땅하다
   마땅히 129
마르다 99
마무리 89
마무리하다 82
마비
   마비가 되다 65
마비되다 65
마음먹다 187
마음을 놓다 61
마중
   마중을 나오다 95
마중(을) 나가다 103
막무가내
   막무가내로 180
만만치 않다 66
만무하다 78, 204
만반
   만반의 준비 80
만족스럽다 49
만족하다 118
말다툼 152

말리다 125
말미암다 175
말투 176
맘껏 49
망고 166
망설이다 87
망치다 213
맞선
   맞선을 보다 109
매끼 116
매사 134, 210
   매사에 180
맺다 74
머릿속 188
먹음직하다 149, 212
면접관 128
멸망하다 148, 212
명심하다 158
명품 65, 83, 151, 204
모이다 113
모집 66, 202
모처럼 49
목숨 150, 160, 175
   목숨을 건지다 175
목을 매다 83
목적지 130
목차 100
몸매 123
못마땅하다 56
몽땅 112
무릅쓰다 172
무리 93
무리하다 57
무수히
   무수히 많다 136
무시험 186
무심하다 126
무자식 159
무조건 104
무조건적 94
무지개
   무지개가 뜨다 133

어휘 색인

무책임하다 127
무척 51
문자(메일) 63
문화연수 153
물가 129
물가상승 156
물리치다 186
물심양면
    물심양면으로 돕다 81
미끄러지다 52
미달 207
미루어 121
미모 129
미성년자 103
미워하다 104
미처 133
미치다 49
미흡하다 52
민족 209, 215
민첩하다 188

믿음직하다 149
밀리다 214

(ㅂ)

바람직하다 149
반대편 108
반어적 61
반응 138, 146
반팔 옷 106
반품하다 211
받아 놓다 67
발견하다 169
발달 13, 23, 207
발등 129
발목 52
발생하다 68, 108, 136
발설하다 205
발표회 117
방해 144
배낭여행 83, 100, 204
배려 101

배려하다 81
배신하다 155
배짱 148
백년가약 74
백설공주 149
벌어지다 92
범퍼(bumper) 60
법규 97
법안 180
벚꽃 60
베끼다 122, 209
변덕스럽다 179, 216
변하다 187
별것
    별것 아니다 123
별명 140
보고서 82
보관 134
보너스(bonus) 211, 209
보람 113
보탬
    보탬이 되다 114
보호자 158
복구 212
복권 129
복식문화 210
볼일
    볼일을 보다 63
봉사자 113
부담 150
    부담이 크다 70
부담이 크다 150
부당하다 212
부도
    부도가 나다 184
부리다 49
부부싸움 105
부사 49
부서 166
부임하다 113
부주의
    부주의로 114

어휘 색인

부지런하다	212
부친상	92
북한	11, 102, 208
분단되다	181
분리수거	97
분명하다	152
분분하다	140
분위기	152
불가능하다	42
불경기	126
불닭	56, 187
불만	148
불조심	112
불투명하다	173, 214
불효자	129, 159
뷔페식당	49
비로소	61
비록	54
비롯되다	105
비를 맞다	77
비하다	71
빈둥거리다	165
빈정거리다	56
빛깔	149
빛내다	
자리를 빛내다	82
빼다	
살을 빼다	51
뽑히다	89

(ㅅ)

사기치다	78
사라지다	116, 133
사법고시	105
사실	89
사양하다	101, 126, 158
사업	111
사인	
사인을 받다	165
사춘기	56
사형	
사형에 처하다	104, 207
산불	112
산사태	55
살을 빼다	50
살인범	89
살인자	104
살해하다	89
삼가다	134
삼다	95
상(賞)	117
상관되다	55
상관(이) 없다	116
상관없이	214
상관하다	127
상대	66
상대방	116
상대하다	129
상반되다	141
상승	216
상처	
상처를 입다	114
상쾌하다	210
상하다	
기분이 상하다	90
상하이(上海)	203
새벽기도회	114
새삼	133
새우다	
밤을 새우다	59, 202
생명을 걸다	215
생활고	99
생활고를 견디다	206
생활화하다	135
서두르다	77
서론	114
서민	98, 156, 213
선거	173
선반	190
선진국	189, 215
선출되다	175
선택	162
선행되다	100
선호하다	81

설득	90
설득하다	205
설마	98, 206, 213
섭섭하다	133
성공	69
성립하다	127
성실하다	167
성인병	19, 206
성형수술	122
세상만사	85
세상에!	207
세상을 뜨다	106
소감	126
소귀에 경 읽기	180
소나기	147
소비	189
소비자	138
소수	203
소식	58, 61, 108
소식(小食)	209
소심하다	61
소용없다	171
소중하다	206
소질	41, 131, 191
소집하다	177
속다	129
속상하다	87

손해
손해(를) 보다	55, 76, 148, 204
솔선수범	186

수다
수다를 떨다	87, 205
수료	191
수료증	108
수비하다	134
수석	89
수석으로 합격하다	169
수첩	67
수학(數學)	70
수험생	103
술고래	208
술주정뱅이	178

숨
숨이 차다	51
스릴(thrill)	112
스승	158, 164
승진	145
시끄럽다	128
시장이 반찬	127
시제	95
시큰둥하다	212
식량	102, 108

신경
신경을 쓰다	56
신념	84
신랑감	167
신뢰	53
신뢰감	66
신뢰성	175
신붓감	76
신의	155

신임
신임을 얻다	110
신작 영화	146
신종플루	189

신중하다
신중하게	205
신출귀몰하다	176

실감
실감이 나다	108
실업자	163
실종	103
실천하다	54
실컷	49
실현	90
실현되다	154, 213
심리	203
심부름꾼	161

심술
심술을 부리다	157
심술쟁이	179
십상	93
십상이다	205

싸움

어휘 색인

싸움이 붙다 101
쌓다 150
쌓이다 151, 214
쏟아지다 46, 206
쑤시다
    몸이 쑤시다 185
쓰러지다 51, 68

(ㅇ)

아까 49
아깝다 58
아무데 97
아쉽다 50, 107
아예 103
아침저녁
    아침저녁으로 59
아트공예 131
안건 11, 113, 203
안기다 178
안부 63
안쓰럽다 99
안전벨트 98
안전사고 204
안타깝다 54
알거지 213
알람(alarm) 70
알바 145
알아주다 116
앓아눕다 183
암
    암에 걸리다 120
애국자 172
애로사항 178
애쓰다 49, 189
애완견 97
애완동물 131
애지중지하다 62
애틋하다 153
야식 139
야영
    야영 가다 102
야외 134

야위다 132
야유회 139
약수 145
얇다 155
얌전하다 183, 218
양껏 49
양치기 116
얕잡아보다 56
어근 49
어기다 173
어깨가 무겁다 187
어르신 109
어림
    어림도 없다 147, 170
어버이 158
어수선하다 203
어엿하다 127
어지르다
    어질러 놓다 56
어쩔 수 없이 68
어차피 83
어치 57
어학원 164
언짢다 169, 202
언행 77
얼른 111
얼마든지 102
얽매이다 112
엄격하다 161, 214
엄두
    엄두를 못 내다 143
엄청 160, 187, 217
엄청나다 55
엉뚱하다 206
엊그저께 156
엑스레이 100
여지 107
여전히 190
역할 181
연결 91
연구 175
연기력 154

어휘 색인

연예인	184
연일	75
열기	217
열대	166
열성팬	65
염려	79
영	191
영상통화	63
영양실조	
영양실조에 걸리다	68
영업	
영업 실적	44, 209
영향	84
영화비	150
영화사	129
예년	153
예술	131, 191
예스럽다	57
예식장	181
예의	92, 207
예행연습	100
오로지	117, 179
오름세	189
오해	105
온종일	101
온천	181
옮기다	18, 184, 203
완성하다	77
완전무장하다	62
왕년에	154
외교관	54
외롭다	160
외우다	93
외지다	123
요령	103
요청하다	108
욕심	
욕심을 부리다	101
용기	
용기를 내다	135
용돈	67
용서받다	89, 205
용서하다	76
우승하다	137, 154, 213
우울하다	133, 214
우회전하다	203
운전면허	170
워낙	69
원고	95
원래	106, 208, 216
원조	102
원하다	124
월말	153
월세	86
위(胃)	132
위기	
위기에 처하다	160
위대하다	182
위로	107
위상	118
위험	150
위험하다	97
유가	129
유교문화	208
유종의 미	135
유지하다	144
으스스하다	149, 212
은인	69
은혜	97
음주	97
응원	218
응원하다	189
의무	92
의문	156
이구동성	110
이기적	210, 214
이기주의자	136
이끌다	
이끌어주다	80
이루 다 말할 수 없다	130
이민	
이민 가다	143
이변	45
이산가족	132

어휘 색인

이상(以上) 150
이상(理想) 115
이상하다 61
이어지다 141
이웃사촌 207
이자 147
이쯤
    이쯤 하다 136
이치 129
이해심 211
이해하다 79
인격 104
인권 180
인권운동 172
인명 55
인물 92
인사불성 146
인사성 81
인상적 211
인산인해
    인산인해를 이루다 120
인상적 211
인식 106
인정하다 71, 215
일껏 49
일단 57, 187
일당 49
일부러 97, 103
일쑤이다 52, 201
일품 182
임산부 112
임시직 138
임하다 172
입맛
    입맛이 없다 119
입사 186
입장 185
있음직하다 212

(ㅈ)

자격증 87
자긍심

자긍심을 갖다 113
자꾸 215
자녀 62
자라다 158
자랑 109
자랑스럽다 169
자만하다 93
자매결연 105
자명종 56
자살 206
자살하다 99
자상하다 110
자수성가하다 124
자식 84
자신감 180
    자신감이 없다 61
자연 재해 108
자연스럽다
    자연스럽게 52
자장면 188
자제하다 178
작문 188
작성하다 30, 151, 198, 206
작심삼일 61
잔뜩 217
잘나가다 59
잘나다 50, 114
잠기다 160
잠꾸러기 79
잡히다 190, 216
장가
    장가를 가다 141
장기(臟器) 139
장난 143
장만하다 53
장비 154
장사 123
장애우 73
재능 134
재래시장 72
재벌 104
재수

어휘 색인

재수를 하다 124	정권 215
재테크(財+tech) 53	정권(政權) 172
재활용 168, 214	정년퇴직 75
재활용도 20	정들다 133
저지대 52	정리하다 151, 212
저지르다	정성 49, 107
살인을 저지르다 103	정성껏 49
저축	정시 75, 203
저축(을) 하다 164, 214	정식 186
저희 166	정원 151
적극적 214	정작 142
적극적으로 178	정중하다
적성 208	정중하게 101
적절하다 179	정직하다 204
전개되다 142	정치 215
전과(轉科) 140	정치가 110
전교 184	정치인 127
전국 54	정해지다 89
전국적 216	젖 94
전망 137	젖다 159
전부 106	제공 67
전석 매진 145	제기하다 173
전시회 105, 150	제대로 61
전액 217	제도 97
전원 191	제때 111
전제 95	제사 95
전지훈련 185	제시간 171
전통 130	제시되다 170
전하다 63	제시하다 63
전학 123	제안하다 146
절(節) 153	제자 164
절대(로) 92, 169	제출하다 17, 30, 81, 204
절대로 57, 172	제품 33, 134, 215
절벽 112	제한되다 103
절실하다	조르다
절실히 108	졸라대다 67
절약 140	조문 92
절정 160	조직 9, 23, 208
절차 100	조직력 46
점검 100	조카 101
점검하다 144, 211	존재 140
정거장 111	존중심 213

부록 **237**

어휘 색인

종자돈 53
죄 89, 207
주변 135
주부 110
주식(株式) 172
주위 135
주의하다 136, 204
죽 57
줄어들다 202
줄이다 9, 210
줄임말 64
줄줄 217
줍다 161
중단되다 147
중대하다 92
중독
    중독에 걸리다 93, 117
중독되다 127, 209
중요성 181
중요시하다 116, 208
증거 29, 207
지구 108
지구온난화 138
지구촌 108
지나치다 65
지도자 182
지속하다 144
지원 162
지원하다 124
지위 180
지치다 51
지켜보다 124, 209
지하철 막말녀 106
직접 175
진담 143
진실 208
진심으로 49, 176
진척
    진척이 있다 83
진학 108
짐작하다 121, 137, 210
짐짓 109

짓 92
짜증나다 85
짝사랑 116
짠돌이 140, 214
짬뽕 188
짭짤하다 211
쫓아오다 61
쭉 203
쭉쭉 209
찌그러지다 60
찌다 50
찍히다 129

(ㅊ)

차기(次期) 172
차려주다 136
차리다 59
    밥을 차리다 113
차별하다 73
차선(次善) 107
차이점 115
차츰 210
착각 147
착하다 130
참
    참으로 191
참견하다 178
참여하다 187
창고 154
창출 9, 172, 199
창피하다 127, 185, 217
책꽂이 56
책임감 158
챙기다 50
처리하다 137
처지 184
천군만마
    천군만마를 얻다 102
천사표 183
천천히 50
철이 들다 66
철이 없다 158

어휘 색인

철저하다 175
　　철저히 134
첫인상 106
청년 149
청하다 87
체감 126
체력 80
체벌 104
체육대회 170
체중 61
초보자 79
초복 145
초여름 121
촛불 190
최고 187
최대한 67
최소한 106
최소화하다 204
추돌사고
　　10중 추돌사고 132
추월하다 178
추적 190
추진하다 173, 191
출산율 202
출세 96
출전하다 55, 172, 215
출판사 131
충고 108
충분하다
　　충분히 49, 105, 145, 204
충족되다 90
취업난 207
취업률 153
취하다 109
치우다 162
친형제 96
침울하다 152
침체 153
칭찬하다 55

(ㅋ)

컴맹 104, 207

코(를) 골다 132
콩 65, 202
쿨하다(cool+하다) 72
키우다 153

(ㅌ)

타이르다 204
타향살이 107
탈
　　탈이 나다 122
탑승 67
탑승하다 116
탓 171, 210
탕진하다 68
터무니없다 65
털모자 64
털목도리 64
토로하다 148
통 134
통과되다 10, 203
통과시키다 180
통신 수단 207
통화 111
투기하다 173
투자 53
투정
　　반찬투정 127
투철하다 186
투표 23, 175, 206
특별 119
특정 99
특정하다 168
틀림없이 213
팀원(team+員) 146

(ㅍ)

파김치
　　파김치가 되다 147
파리 117
파산하다 70
파지 112

어휘 색인

팍팍하다
  생활이 팍팍하다 156
판 151, 206
판단하다 61, 210
패션(fashion) 103
팬클럽(fan club) 103
퍼레이드(parade) 81
펑펑 212
편식 129
편식하다 209
편집하다 110
평범하다 209
평상시 53
폭등하다 175, 184, 216
표시 98
표정 64
푸근하다 183
푹 153
풀다 105
풀코스(full course) 172
품질 76
풍부하다 144
피
  피도 눈물도 없다 103
피서 75
피해 108
피해자 114
핑계
  핑계를 대다 213

(ㅎ)

하락세 22
하락하다 210
하순 179
하의 103
하이힐(high heel)을 신다 112
하필 96
학과 124
학습자 84
학원 59, 216
한껏 49
한류 84

한바탕
  한바탕 웃다 133
한반도 80
한산하다 211
한심하다 141, 173
한적하다 179
한창 120
한판
  한판 붙다 101
할 수 없이 118
함부로 54, 206
항의하다 171
해결 124
해치다 215
핵 113
핵미사일(核+missile) 102
행동 35, 188, 203
행동하다 46, 207
행사 103
행하다 154
향
  향을 내다 105
향상 180
허락하다 172
헌신적 87
헌신하다 215
헐레벌떡 62
헛되다 172
헛소리 147
헤매다 98
현금 159
현명하다 95
현상 108
현실 115
현장 167
혈액형 94
형식 156
형태 129
형편
  형편이 피다 209
형편없다 56
호되게 149

어휘 색인

호응 212
호의 186, 217
혼내다
    혼내 주다 206
혼이 나다 77
홀가분하다 109
홍수 52
화려하다 142
화해하다 90
화환 64
확고하다 54
확산되다 139
확신 84
환경오염 97
환호하다 81
활기
    활기가 넘치다 205
활성화되다 137
활약 168
황사 136
회복 137
횟수 202
효과 103
효성스럽다 110
후보 100
후진국 189
후텁지근하다 176
훌륭하다 46, 116, 136, 210
훔치다 54
휴양지 72
휴학 108
흠뻑 159
흥겹다 145
흥청망청 97, 206
희생하다 172
힘 49
힘껏 49
힘을 쏟다 77